# 棋手無悔

## 犯錯是成功必須的布局

# 自序

「犯錯」是一種讓自己成長的機會，邁向成功人生的布局。不要怕錯，不要畏懼旁人否定的聲音，放手堅持自己想要成就的價值，是這本書想要跟大家分享的主要精神，也是我一路走來的人生寫照。

為什麼要讓小朋友學圍棋？這是我近幾年最常被問到的問題。現代社會因為少子化的關係，每個小朋友都是父母的心肝寶貝，過度保護小朋友的後果，導致小朋友缺乏面對挫折的能力，連我也時常提醒自己應該多給小朋友獨立成長的空間。有鑑於此，我認為讓小朋友學圍棋，不但可以開發智力、訓練邏輯，除此之外，有助於培養小朋友面對挫折的抗壓能力。透過圍棋的勝負訓練，鍛鍊心靈克服挫折的能力，是我對圍棋教育的期許，也是我一直努力推廣的方向。

最後，如果這本書能夠讓你找到一點面對挫折的勇氣，或是引起一點對於圍棋的興趣，我想這些文字也就被賦予存在的價值。

# 目次

## Chapter / 1 不要怕錯的決定。

○● Chapter / 2

## 勇於放棄，成就自己。

# 經歷錯誤，跑向人生勝利組。

# ● Chapter / 1

# 不要怕錯的決定。

# 逃避，開啟另一個人生的入口

## 因為胎記而逃學

應該是四、五歲的時候吧，總之，從有記憶以來，我就知道家裡的經濟狀況不好，我有三個姊姊、一個弟弟，爸爸媽媽每天忙著出外工作賺錢，比我大五歲的大姊就幫忙張羅家務，我被分配到的工作是洗碗，還搆不到水槽的我，每天站在搖搖晃晃的塑膠小板凳上，勉強打開水龍頭，簡單地用洗潔精抹抹碗盤，再用水沖乾淨。別人家的五歲小孩只需要每天想著玩遊戲，但是五歲的我已經開始分擔家事，略略知道一點責任的概念。

在我五歲以前，家裡因為家道中落，一直過著顛沛流離的生活，姊姊們的小學也換了好幾所，一直到我四歲多時搬到桃園的僑愛住下來，日子才總算是暫時穩定。我還記得，那時住的房子，是奶奶認養的養女借給我們住的，連媽媽在菜市場賣衣服的攤子，也是這位「姑姑」情義相助、免費借給媽媽的。

五歲，也是我第一次接觸到外面的世界，以一種很殘酷的方式接觸。二月出生的我，滿六足歲的那年九月就必須去上小學，因為胎記的顧慮，一直保護著我的媽媽也覺得是時候要讓我去上幼稚園，看看外面的環境，她怕我直接進入小學會跟不上進度，也怕我太直接受到團體生活的衝擊，其他小朋友的異樣眼光。總之，媽媽開始擔心我的未來，她覺得我該要去接觸、適應人群了，無論如何，終究是要回歸正常的學校體系。

本來，對於終於要去上學了，我的心裡很興奮、很期待，因為長久以來，我能接觸到的都只是鄰居的大哥哥大姊姊，我其實也想要有「同學」一起玩。第一天開開心心地揹著書包上學，一踏進學校，小朋友看見我的反應都嚇了一大跳，馬上有人開始尖叫，甚至有小女生立刻就哭出來，也有人說：「鬼來了！妖怪來了！」那個時候，布袋戲正當紅，所以也有小朋友跑過來，用戲弄、嘲笑的口吻問我：「你是黑白郎君嗎？」而周圍的家長不但沒有制止小朋友的行為，我從他們眼中也看見了恐懼，甚至，我感受到那些家長不想要我跟著他們小孩一起學習。「你長這樣你還敢來！」這種不想要我出現的感覺，讓那時才五歲的我覺得「活著實在太痛苦了！」

那一天，我嚇到他們，他們也嚇到我。進校門不到半個小時，各式各樣奇怪、可怕的攻擊，讓我哭著跟媽媽說：「我再也不要上學了！」媽媽雖然不捨，但還是堅持讓我去試試，我試了五天，同學和我的反應持續不變，小朋友每天都排擠我，我也每天都哭著跑回家。

「我再也不要去幼稚園了！我討厭那個地方！」我在心裡不停的吶喊。

# 愈細瑣的小事，愈能看出熱情

## 無聊的擺譜，我樂在棋中

老天爺的安排，就是這麼奇妙。因為害怕同學的排擠，我堅決躲在家裡，爸媽工作、姊姊上學，我一個小孩子在家要做什麼？雖然我勉強可以自己照顧自己，但是，白天這麼長的時間，我該怎麼打發時間？這時候，爸爸靈機一動，不然就讓我學下圍棋吧！這樣至少可以消耗掉很多時間。

爸爸本來就是一個熱愛下棋的棋迷，他不但崇拜棋士，還在大姊五歲的時候開始試著教她下棋，他一直很希望可以把自己的小孩訓練成心目中那些神一般的職業棋士。但是，爸爸採取的教育方式始終是打罵式的方法，所以，儘管三個姊姊都被爸爸教過棋，也都曾經被爸爸追著打，愈打愈怕，反而變得討厭下棋，爸爸的期望宣告失敗。直到我的出現，媽媽特別勸告爸爸，不要再用同樣的方式逼我學棋，以免重蹈覆轍，加上我出生才不過兩年，家裡的經濟就出現狀況，爸爸更是沒有心思要求我下棋了。

逃避上學待在家裡，爸爸第一次在我面前拿出棋盤、棋子，與圍棋第一次接觸的我，只覺得「有趣」、「好玩」，把圍棋當成遊戲，因為小時候家裡窮，沒有什麼像樣的玩具，看到這個新鮮的東西，小朋友的玩興馬上被勾起來了。爸爸也注意到我和三個姊姊完全不一樣的反應，於是他決定試試看教我玩圍棋。

那時候，我已經會認讀阿拉伯數字的 1 到 100 了，爸爸拿出當時最厲害的圍棋霸主坂田榮男[1]的棋譜，厚厚的十二本，每一本有兩百多譜，總共兩千四百多譜，這是他給我的功課，爸爸說：「既然你不想去學校上學，每天在家又很無聊，那你就在家擺這個吧。」接下來的幾天，爸爸教我怎麼把棋子擺在棋盤上的相對位置，並非教我任何圍棋的規則，單純讓我擺棋子而已。然後，我就開始每天玩棋子、擺譜，擺了一年的棋子。

其實，當時的我，並不知道自己在做什麼，但我就這樣每天一個人安靜地重複著同樣的動作，把只有黑白兩色的棋子照著棋譜上的阿拉伯數字，擺在棋譜對應的位置上，那就好像照著鋼琴譜練琴，只是我的樂曲彈不出聲音。這絕對不是任何一個小孩子會覺得好玩的事情，但我卻非常樂在其中。

開始擺譜的時候速度很慢，一天頂多擺個五譜，隨著時間慢慢累積，擺譜的速度愈來愈快，爸爸看到我的進步，也開始對我有些要求，從一開始的「擺」，慢慢變成「背」，背是要考試的，爸爸下班回到家就會隨機抽考，把棋譜蓋起來，叫我重新擺給他看，考得好，爸爸就會給貪吃的我一點小獎勵，可能是一包乖乖，那對當時的我而言，就是很奢侈的享受，夠我開心一整天。

即使擺譜變成考試，有了賞罰，也依然不減我對擺譜的喜好，於是，我從一天十譜，慢慢進展到一天背三十譜，連媽媽、姊姊都加入出題老師的行列，她們本來不相信我可以做到背譜，但是在考試的過程中，她們漸漸發

[1] 坂田榮男 1920-2010，日本著名圍棋棋士，以棋風犀利著稱，因此有「剃刀坂田」的封號。

現我是真的喜歡圍棋，對圍棋的天分也慢慢浮現出來。爸爸當然也發現我的天分，只是，他對於三個姊姊的教棋經驗還有期望落空的陰影，而媽媽和姊姊也一直勸阻他，不要過度對我施壓，壓垮最後的一個希望，不要真的「教」我圍棋。

## 塑造一個假想敵，刺激前進的動力

### 幫爸爸報仇，開啟圍棋之路

在我快要上小學前的某一天，爸爸去參加一場桃園市的業餘小比賽，本來他有滿腹的信心，覺得自己的棋力還不錯，應該有希望拼前幾名，沒想到，他回來時臉色鐵青，媽媽問他怎麼了，他說：「我今天比賽本來都贏的，結果輸給一個六歲小鬼。」爸爸口中的那個小鬼，就是現在日本棋力最強的張栩[2]。

[2] 張栩 1980-，日本職業九段棋士，隸屬日本棋院。

爸爸形容「有夠厲害」的張栩從小就展現了和常人不同的特質，他非常沉靜，非常能夠專心投入在圍棋這個領域，他五歲開始學棋，很快就在臺灣圍棋界打開知名度，也因為他獨有的個人氣質，很多老師都非常喜歡他，甚至是搶著收他為徒。爸爸和他交手之後，跟媽媽說他認為自己一輩子也贏不過這個小鬼，媽媽覺得輸就輸了，沒什麼關係，但是，爸爸的內心卻燃起了一股不甘心的怒火。為了進一步了解對手，爸爸查了張栩的個人資料，發現他竟然跟我同年，他是一月二十日出生，我則是二月二十三日。這下子，更加激勵了爸爸復仇的決心：「我要訓練兒子幫我報仇！」

張栩打敗爸爸的那一天，我正式開始學習圍棋。那天晚上，爸爸認真地教了我圍棋的基本規則。

我的進步速度算是快的，原因有二，一方面是因為我的胎記，讓我只想躲起來，比起一般的小朋友不貪玩，幼稚園的陰影讓我變得很害怕面對同年齡的小朋友，所以，我專注地沉浸在圍棋的世界裡。一方面是因為那一年不斷擺譜的日子，這樣一年的時光，在當時根本不知道自己種下來怎樣的種子，但是，後來當我正式出道學棋，很多老師聽說小時候這樣一年，他們覺得很神奇，也是因為這樣，我對棋型的敏感度，比起同年齡的孩子強烈很多。我很肯定，這絕不是我天生的能力，而是因為那一年兩千多譜無形的訓練。

一邊上小學、一邊學圍棋的日子開始了。那時候，圍棋的資源畢竟都還是在台北市，爸爸以前就時常跑去中國圍棋會[3]下棋，在他教我圍棋規則之

[3] 中國圍棋會　中華民國第一個職業的圍棋組織，1990 年代後期，主要贊助者將發展重心移往中國，其間只保留名人賽一個職業賽。現在則另新增一個新的賽事 - 十段賽。

後，因為也沒錢讓我去拜師，他就帶著我到棋社跟著其他長輩們下棋，棋社的管理人員徐阿姨，就成為我第一個圍棋老師。徐阿姨平時在棋社裡的角色很特別，既要負責一些行政事務，還要管理財務，同時還要跟去下棋的棋友們聊天、照顧大家。徐阿姨本身是職業棋士陳永安老師的太太，跟棋友們的關係都非常好，她初次看到我，就覺得很特別，小小年紀，臉上又有胎記，跟著爸爸到棋社混，對我總是特別照顧，教我下棋。

那時候，中國圍棋會每個月有一場級位月賽，需要繳錢報名，比賽很殘酷，輸一場即淘汰，要一直拼到最後幾位才有晉級的權利。我學沒多久就開始去參加那個比賽，開始的時候當然總是被痛宰，常常比個一盤就被淘汰，徐阿姨就笑我是「周一盤」，混了幾個月都是輸棋收場。爸爸為了要激勵我贏棋，就跟我說：「如果你可以變成『周二盤』，就讓你吃一隻雞腿！」當時，中國圍棋會有請一位煮飯阿姨，她滷的雞腿對當時的我來說，是世界上最美味的食物，但是一隻就要將近五十塊，非常昂貴，不是可以天天享用的美食。

為了我夢寐以求的雞腿，我開始奮發向上，在大人的級位月賽裡想盡辦法搏出頭。那個時候，和我同年齡的小朋友是不會出現在這種下棋場合，學棋的孩子多半是把老師請回家裡去學，像我這樣在棋社裡跟著長輩們混的孩子很少見。天天練習，慢慢地我從周一盤變成周二盤、三盤，開始能夠挑戰上面的名次，甚至從最粗淺的九級不斷升級到一級，棋力有長足的進步。

在中國圍棋會學了兩年棋、我差不多九歲的時候，還沒有升上臺灣的業餘初段，當時的升級考試很難、很嚴格，就好像現在的職業考試一樣，每年能夠晉升的名額有限。棋力雖然有進步，但還是一直升不上業餘的初段，加上那時候家裡的經濟情況有稍稍好轉，可以有一點點餘裕考慮讓我找職業老師學習，爸爸就開始到處打聽有沒有老師願意收學生。於是，我拜入了戴嘉伸[4]老師的門下。

戴老師那時在雙連附近開了一間嘉伸棋院，因為每天都需要去顧著棋社，對他來說，多收一個學生並不會造成什麼負擔，爸爸就拜託相熟的棋友轉介，問問戴老師有沒有意願收個徒弟，甚至，如果老師願意的話，我就住在棋社裡也無妨。戴老師沒有正式收過學生，但也許是我的胎記勾動了他的心，也可能就是我們的緣分，他答應爸爸收我為徒。經過正式的奉茶儀式後，我成為戴老師的第一個學生。

[4] 戴嘉伸 1958-，臺灣臺東縣人，職業八段棋士。

# 擇定一個目標，專心往目標衝刺

## 學棋和上學二選一？

進入棋社正式學棋之後，那上學怎麼辦？戴老師在台北，我們家在桃園，每天光是通勤就至少花掉三個小時。雖然當時的教育體制沒有所謂的自學方案，但是媽媽曾經當過老師，對學校的運作有一定的熟悉度，她就試著去和校長談談看，讓校方知道我在圍棋上的天分和表現，也希望我能在這方面繼續深造走下去，而現在面臨的關卡就是距離和體制的問題。如果校長能夠通融，在掛著學籍的前提下，離校進修，也許對於我這樣的特例會是比較好的安排。校長一開始當然是不能接受，畢竟這在當時實在是很「前衛」的提議。媽媽動之以情，終於讓校長勉強同意試試看，交換條件是我每一次月考都得回校考試，並且考試成績不能太差，此外，還要定期向校方報備我的行蹤。現在看來，我就像是第一批尚未合法化的自學方案實例。

一拜入戴老師門下，住進棋社不久，我就升上業餘初段。那段時間，我每天都在棋社下棋，每天和許多愛下棋的老前輩磨練，關門打烊前，戴老師就把我抓去覆盤[5]，把我那天下輸的棋一一檢討，他會直接地罵我：「你是豬啊！」但是，即使當時年紀小，對於老師嚴格的訓斥，我也不覺得有什麼大不了，天性裡逆來順受的特質，反而幫助我不太會因為挫折而退卻。

我在戴老師家住了九個月，在戴老師嚴格的指導下，棋力有非常顯著的大跳躍。學校方面，因為我都有「照規矩來」，月考前露臉、月考成績不會太差，加上在業餘比賽裡愈來愈常拿到冠、亞軍，媽媽都把獎盃送給學校，甚至，某些大型的業餘比賽還會有報紙報導，上面就會出現「ＸＸ比賽冠軍為僑愛國小周俊勳」的字樣，幾次之後，校長的態度也從一開始的不看好，漸漸認同我在努力的事情，升上小學四年級之後，他就完全同意我用自學的方式繼續精進棋藝，給我更大的空間去學棋。

後來，戴老師因故要結束棋社，我也就暫時回到桃園，準備尋覓下一個老師。過了半年，爸爸找到在新店經營棋社的林聖賢老師，讓我住在棋社裡學棋，只是因為已經奉茶拜戴老師為師，不方便再拜林老師為師另起儀式，幸好林老師是個外向、豁達、不拘小節的人，他覺得形式的東西只是小事，無關痛癢。

[5] 覆盤　棋局結束後，將下過的棋從頭到尾再擺一次，藉著這個方法，檢討棋局中的缺失。

自此，我繼續每天在棋社和棋友們下棋廝殺的生活，一般業餘棋友下棋，都喜歡藉著「彩金」來增加樂趣和刺激感，棋友來到棋社當然都想要找林老師挑戰試自己的實力，但是林老師很忙，就會讓我先打頭陣，幫他下個幾盤。剛剛進入棋社的時候，我總是在輸錢，付出很多「學費」。林老師都會先幫我付錢，再問對方敢不敢再來跟他挑戰幾盤，然後幫我把輸出去的錢贏回來。

在林老師的棋社學棋的這段日子，和自學時最大的不同，就是會有經驗豐富的老師幫助我找出棋盤上的盲點，讓我更快能通透輸棋的原因，或是可以贏得更漂亮的走法。每天去棋社下棋的那些叔叔們也許下了幾十年的棋，棋都還是差不多，因為每天都在重複同樣的錯誤。林老師幫我指出錯誤、幫我修正改進。下了幾個月，我終於開始不再總是被痛宰的那個肉腳。

我在林老師家學棋的那段時光，不只是向他學圍棋，也一起經歷彼此的人生大事。我十歲的生日是在林老師家度過的，那時候，林老師正好要辦「人生大事」，一時之間找不到媒婆提親，還是請我媽媽出馬，陪林老師南下彰化去搞定這件大事。老師結婚之後沒多久，就決定將棋社收起來，於是我又暫時回家自修。

林老師同時也算是張栩的半個老師，在張栩還沒有去日本之前，圍棋方面的事情，很多都是林老師在為張栩解惑的。我住進林老師的棋社時，差不多快十歲，那時候張栩也已經準備要去日本深造。而我，在戴老師和林老師家前後度過將近兩年的時間，棋力大增，快要達到業餘高手的水準。

# 抓住任何一個可能成功的機會

## 一個人的中國流浪記

十一歲到新竹參加鄧老闆主辦的業餘名人賽，那一屆的名人賽不只是獎金提高，還不再僅限新竹當地人、而是開放給全國棋友參加，爸爸當然帶我去參賽，我也很順利晉級到最後決賽。鄧老闆的祖籍是四川成都，那年他忽然決定要把名人賽的決賽搬回故鄉舉辦，順便讓臺灣的棋士和當地好手交流交流。

一行人浩浩蕩蕩去到成都，開幕式還請來成都棋院的院長，還有一些中國圍棋相關的高官一起參與，因為這個開幕式，讓我有機會遇到當時人稱「西南王」的宋雪林[6]宋老師。我的決賽戰友是平時對我很好的業餘高手前輩梁友，梁友老師和宋老師本來就有私交，開幕式晚宴的時候，梁老師無心插柳地對宋老師說：「你有沒有考慮要收周俊勳為徒啊？臺灣圍棋未來的希望欸！」此話一出，想不到，宋老師竟回說：「可以啊！如果他爸爸同意的話。」

爸爸一聽當然非常高興，當下就和宋老師討論起種種細節。我記得非常清楚，冠軍賽進行到一半，我從會場出來，爸爸就跟我說：「我已經跟宋老師談妥了，你明天不用回家了，就在這裡住下來學棋吧！」爸爸接著說，

[6] 宋雪林　四川成都人，中國圍棋職業九段，成都棋院副院長，著有多本圍棋相關著作。

他明天就去幫我找房子、找一個可以照料我基本生活的保姆，找到之後，他就要回臺灣了。因為前面有過兩次自己住在老師家的經驗，我心裡的驚嚇度其實沒有那麼高，我認為自己能夠照顧自己，甚至也能幫忙老師做些家事，不過，這一次會是我第一次在國外生活，人生地不熟，不安的感覺還是慢慢爬上心頭。

冠軍賽隔天，其他同行的人去當地旅遊，我和爸爸則是在成都四處找房子，過程很順利，很快就找到落腳的地方，那是一套兩房一廳的簡單房子，房租大概不到五百塊人民幣。但是找不到保姆，後來還是拜託鄧老闆在成都的親戚，她是個剛生完孩子的媽媽，幫著照顧我剛剛好。接下來，爸爸又多待兩天，帶著我熟悉到四川省隊學圍棋的交通路線，等我差不多記住了，爸爸就回臺灣。

因為當時台胞證加簽非常麻煩，所以，這趟學棋之旅，我們預計就是待兩個多月，直到九十天簽證期滿。沒有在旁監督的爸爸，當然非常想要知道我這兩個半月學棋的進展，因此，簽證快到期的時候，爸爸又帶了一筆錢到成都來，直接去拜訪當地最大的業餘棋社，向李建兵老闆表明想要辦個比賽，邀請成都當時業餘的最強四大高手來和我對決，本來爸爸覺得我是被痛宰的份，不過，結果是兩勝兩負，差強人意。

那次比賽讓我留下深刻的印象，第一盤下完，我贏了，可是緊接著第二天，我莫名其妙地輸棋，輸得很冤枉，本來一手好棋、勝利在望，卻不知道哪裡疏忽，無預警地輸掉了。身為業餘高手的爸爸自然看得出來是我太大意，心裡有氣。那時候，我的十二歲生日剛過，是二月多快三月、天氣正冷的時候，不管外面正下著大雪，爸爸要求我從棋社走路回住處，那是一段一個多小時的路程，坐公車也要坐個十幾站，但是，冰天雪地也都算了，最可怕的還是爸爸沿路不停的責罵，讓我信心潰堤。

從中國回臺灣之後，每逢業餘比賽，要看到我連輸兩盤就很難了，而且常常都是比到冠亞軍賽才會輸，而輸的原因是因為比賽的時間通常拉得很長，當時還是小孩子的我，體力不夠，下到晚上精神不濟、直打瞌睡，自然就輸棋。爸爸也注意到這個狀況，為了鍛鍊我的體力，他開始要求我慢跑，這是最不需要花錢的體力訓練方式。對一般的孩子甚至是成人來說，長跑，可能是枯燥無聊的，但是，再一次的，我竟然跑出了興趣，跑得興味盎然。

# 旁人的否定OUT，堅持自己IN

## 走別人沒有走過的路

能夠遇見宋雪林老師，實在是命運巧妙的安排。宋雪林老師等於是為我的圍棋之路開啟一扇新的門，直接關係到後來我去北京棋院學棋的經歷，換言之，如果沒有遇到宋雪林老師，也許，我的圍棋歷程幾乎就要在那時候止步了。

因為，在參加新竹的業餘名人賽之前，我已經感覺到自己棋力的瓶頸，無論是自修、和棋友下棋，甚至是向老師學，進步的幅度都明顯停滯。某種程度來說，老師們也都看得出來我即將晉升職業棋士，也就是說，我即將變成他們的競爭對手，馬上就要產生直接的利益衝突。這種非常微妙的關係轉變，也逐漸影響到我所接受的訓練，面對一個明著就是要來搶你飯碗的人，老師們的態度也難免開始有些保留。雖然我不曾跟爸媽提過這樣的轉變，但是，胎記讓我對於事物的敏感力，我自己很清楚，繼續待在臺灣，圍棋修煉不會有所突破，需要另找一個方式學習，棋力才有可能再往上提升。

和我同時期學棋的所有小棋士都會遇到這樣的困境，因為臺灣的圍棋環境不理想，各方面都追不上日本、韓國、中國，所以，如果家裡的經濟情況允許，要再上一層樓的小朋友就會轉往日本拜師，如果家裡情況不理想，那麼，通常就會選擇回歸學業，專心讀書上學。而我，其實抉擇的關卡已經隱隱浮現，但是運氣奇妙之好，讓我遇到宋雪林老師，打開一條別人沒有走過的路，西進中國去學棋。

無論是去中國學棋，還是更早在臺灣用近乎學徒的方式住在棋社裡學棋，我都是第一個，可能也是唯一一個。一方面，也許是胎記的影響，讓老師們容易對我產生憐憫和認同，另一方面，就算老師想收，可能也找不到像我這樣的學生，願意以近乎休學的方式，全力投入學棋，而我的爸爸媽媽也很另類地不走傳統路線、不過問老師如何教學之外，我也不能只是個「享受」學棋的學生，還必須要幫助老師分攤生活起居的大小事。

這些學棋的過程和決定，曾經都受到旁人的否定，甚至覺得可笑。但我的父母選擇堅持做他們認為對我最好的決定，不顧一切供我學棋，我欣然接受並傾心投入，一路守護著這個決定，如今造就了我獨有的優勢。

# 開創一個新的格局，需要一顆勇於突破的心

## 別人都去日本學棋，我就去中國學棋

擠進中國棋院學棋，對於我這個外國人來說，照講是不可能的事。中國有國家隊的制度，每年有成千上萬的小朋友擠破頭想要獲得入隊資格，平均下來一個省都沒有一個名額，而最重要的一個內選關卡就是每年九月舉行的「國少隊選拔賽」，我也很幸運地以全勝的資格拿下B組冠軍。制度上來說，只要拿下這個比賽的前三名，就可以獲得進入國少隊的資格，後面的排名，需要走的則是推薦制。總之我拿了B組冠軍，資格是有了，所以爸爸就大著膽子向中國棋院提出正式的申請，表明我想要進入國少隊訓練

的決心。

這實在是太棘手的一個狀況，中國棋院不只為此召開全院會議，依舊無法決定應該怎麼處理我這個案例，甚至還上報到掌管全中國體育項目的國家體育總局，決定我到底能不能參加國少隊的訓練。開了很多次會後，他們回函給我，表示儘管我的成績優秀，但我的身份太特別，他們覺得我不適合參加。但是，如果我以個人身份，進行短期的進修，並且食宿自理，那麼，彼此就可以在一個微妙的默契下，互相通融。當然，我不會被承認是中國國家隊的一員。

爸爸決定讓我到中國受訓的想法，也曾經受到周遭親友前輩的否決，認為這樣的培訓資格名不正言不順，又要自己花錢打理食宿，把一個中學生丟到異地，看不見遠景，又擔心我的安危，勸退的聲音不斷。但，雖然無法成為正式的培訓成員，爸爸還是決定讓我去接受訓練，他認為這是讓我學習獨立的大好機會，棋力可否精進另當別論，能夠去外面的世界拓展視野，是很珍貴的事情。因此，我的中國學棋之路就此展開，多虧爸爸當時的堅持，這一段深造的過程，讓我的棋力突飛猛進。

# 知己知彼，必勝的關鍵

## 中國學棋，學到的不只是棋

九〇年代，在臺灣和我一樣學圍棋的小朋友，學到一定程度之後，會面臨到兩個選擇，一是到日本繼續深造，一是放棄圍棋回歸升學體系。像我這樣不念書又不去日本研習，沒有前例，我是第一個。去到中國，因為臺灣沒有類似中國棋院那樣「集中訓練」的環境，那段日子，我不只是獲得技術上的精進，心裡也很踏實而快樂。尤其是擁有一群「目標一致」的同儕，在棋院裡的小朋友，不只是全中國的精英，大家的目標都一樣，就是要在圍棋上面有好的表現，大家聚集在北京，接受全中國最厲害的職業棋士不藏私的訓練。以圍棋的訓練環境而言，那個環境真的非常好，對我來說，像天堂一樣。

但是，一離開圍棋，就會有很多事情要面對。

畢竟，我終究是個異鄉人，尤其那個時候是中國剛剛開放改革的年代，氛圍很微妙，尤其政治氣氛很敏感。我和中國的棋士一起接受訓練，但是，我盡可能讓自己做到透明人的狀態，我不希望自己的身份替大家帶來任何的麻煩，最好是能做到我在或不在都沒有差那樣的感覺。從那時候開始，直到我在世界賽上嶄露頭角，其實有長達五、六年的時間，我學會讓自己保持低調，講話尤其謹慎，絕對不要講到任何跟政治有關的事情，去維持學習環境的和平。

中國棋院囊括的是圍棋、象棋、西洋棋加上橋牌四大領域的頂尖好手聚在一起，除了本科的訓練之外，他們時常會開一些小組會議討論內部的事情，或者是全院會議，談的不外乎是一些政令宣導、精神教育的口號之類的內容。他們會開玩笑地稱呼我為「台胞台胞、呆胞呆胞」，有時候領導還會跟我開些泛政治化的玩笑，我總是笑笑的，一概不回應。

每個星期圍棋隊有固定會議，剛開始的時候，我還傻乎乎地自顧自在原地擺棋，然後就聽到他們說：「欸！開會囉！開會囉！」這時候，小棋士們就會看看我，看我要怎麼辦，一開始我還真是不懂得該怎麼做，很尷尬地坐在最後一排假裝有在聽，後來，漸漸熟悉了，我開始懂得識相地藉故「缺席」，他們一說要開會，我就會「剛好」要去買東西，拎著包包就走了。

後來我甚至會事先問好開會的時間，那個時間，我會確保自己不要在場。其實，領導們也不好意思趕我走，我的缺席，不只是讓自己不要那樣尷尬突兀，也是不讓領導們困擾。而且，我心裡存有感謝，因為中國棋院大可直接拒絕我的申請，但最終他們也許是出於「有助於圍棋的發展」的想法，讓我以一種旁聽的身份接受訓練，所以我就更加珍惜這份可貴的心意，盡可能讓棋院的運作順暢。

當然，除了跟著聽講、和同學練習切磋之外，中國棋院裡大部分的練習賽等等，我都不可以參加，我就像大學裡的旁聽生，只是這個旁聽的場合非常難得，而且沒有第二人有旁聽的資格。而且，旁聽機會不只一次，我是長期且固定在那邊旁聽，每次到北京，我總是盡量待足三個月台胞證的效期。

在我看來，中國國家隊最大的優勢，就是集中式管理，加上我那一輩的小朋友哪裡懂得什麼自我意識，基本上就是老師說什麼，我們就照單全收，在圍棋的訓練上，這樣不無好處。另外，集中全國最強的師資，這些老師一方面已經是國家代表隊的現役成員，狀態都在巔峰上，一方面，他們必須上帶下地去傳承，這是非常難能可貴的，因為，除了中國這麼做之外，包括韓國、日本和臺灣，我們這些頂尖的棋手，除了比賽的短暫交手，幾乎都不太會跟剛剛升上來的棋士有所接觸。

接觸少，棋力交流就少，交流少，棋力提升速度就慢。以我自己來說，那時候要進步真的很慢，因為多數時候都是自己在摸索，可能要自己偷偷看、偷偷聽高手在做什麼，對棋力不在同一個層級上的我來說，就算聽到高手說了什麼，我也不一定聽得懂。而中國的訓練方法，當老師覆盤時，小朋友圍一圈在身邊看，還可以隨時發問，老師同時也會放慢速度，很清楚、確實地讓小朋友看明白每一著手。那樣的訓練，集中式管理、精英帶幼苗，一代一代推上去，成效其實是很驚人的。

國家隊聚在一起，只有一個目標，他們是共同對外的，要戰勝的是其他國家，所以，在對內的時候，他們真的能做到不藏私。大家都知道，很多的技藝為什麼會失傳，就是因為藏私，每個人都有自己的訣竅，留一手或是共享交流，一來一回，差距就拉大了。在那個年代，中國冠軍不是重要的，他們想要的是世界冠軍。

可惜的是，由於世界比賽的獎金很高，個人主義終究漸漸地會浮上檯面，打散原本那股齊心的鬥志，雖然現在中國的國家隊還是採取集中式管理，但是氣氛已經不太一樣，頂尖棋士雖然還是會聚在一起討論，但是也許看到棋盤上的微妙變化，會開始選擇不說，個人意識開始大過國家榮譽。

即使現在中國的訓練風氣不如往常，但從我自己經歷過的旁聽時期，我認為中國棋士那種對共同目標齊心一力的態度，還是很值得當成我們的借鏡，唯有透過彼此共同努力，推廣圍棋這件事，才有可能愈來愈完備，讓更多人知道圍棋的美好。

# 愈是受到阻撓的決定，愈是具有實踐的價值

## 學圍棋，沒有人看好

說起來，爸爸媽媽真的彷彿孤注一擲地，在我身上花了許多學費，懇請老師傾囊相授。從我九歲之後，爸爸的心思幾乎都是集中在我一個人身上。媽媽是家裡收入的主要來源，我們一家八口，還有我學棋的高額費用，都是媽媽在菜市場賣衣服掙來的。

不過，可以說，從十一歲以前，家裡在倒貼投資我的圍棋職業，十一歲以後就開始漸漸回收。大約是從林老師家畢業之後，我就開始幫忙補貼家用、

舒緩經濟的問題。就算當時部分業餘比賽標榜不給獎金，但是禮券、大小家電都非常實用，家裡幾乎不再需要花錢汰換家電。每個禮拜辛苦一點，爸爸開著車帶著我全臺灣跑透透參加業餘比賽，現金獎金加總起來，一年也可以超過六十萬。雖然我到中國訓練的花費高，再度加重媽媽的負擔，但是在我十四歲加入職業制度後，收入開始明顯提高，一九九五年那時候年收入就差不多有一百萬，終於，媽媽肩上的擔子輕了。

七歲剛學圍棋一、兩個月，民生報就辦了一個琴棋書畫的國中小學比賽，儘管程度很差，可是我還是去比賽。那是我第一個「比賽」，心裡很緊張，覺得很可怕，但是，這個怕，並不是怕輸，而是害怕小朋友看到我時的反應。結果，去到現場，想不到大家看到我僅僅只是一點點的驚訝，就沒有再多負面的評語，那天比賽運氣很好，竟然混到第三名，民生報還有登出來。那次的比賽經驗，對我後來面對圍棋、面對同年齡的小朋友，都有很大的幫助。也是我第一次很強烈覺得下圍棋很好！周圍的人不但不會害怕我，還會肯定我。那個比賽，不但是一個重要的轉捩點，甚至可以說，那是一個嶄新的開始。

後來，圍棋界的小朋友漸漸都知道我這號人物，周俊勳，臉上有個大胎記，但是，大家並沒有拿這個對我開什麼玩笑，也沒有因此討厭我、排斥我，相反的，也許學棋的孩子都比較早熟，我們這一群為數不多的小朋友很聊得來，成為要好的朋友，其中一半，後來也都成為職業棋士。圍棋頻繁的勝負，很自然會讓人心智成熟，對於人生裡遭遇的很多事情、很多讓人不舒服、恐懼的東西，圍棋讓我們懂得用更含蓄圓融的方式去面對。

現在想來，挫折真的不可怕。我的人生一開始雖然充滿了挫折，但是，卻讓我更能珍惜逆流而上，過程所體會到的點點滴滴。因為臉上明顯的紅面胎記，讓我從小就受到很多異樣的眼光，承受很多的歧視，那是無數次的拒絕，有被同儕的拒絕、被學校的拒絕、被正常體制的拒絕。

儘管我很早就在圍棋裡找到另一個專屬於我的小宇宙，但是，在那個沒有自學方案的年代，我想要專心學棋，遭遇的困難遠比選擇留在學校裡乖乖上課難上無數倍。無論對老師、同學甚至於整個學校體制來說，我都是個怪小孩，決心北上學棋，選擇寄宿在棋院老師家裡，不去上小學和同儕一起學習，完全是在挑戰大家對常規的容忍度。

很多父母身邊的親友當時都不解，為什麼要把這麼年幼的小孩隻身送去學棋，而不讓他回到正規的學校體制，和大家一起考試、爭取讀好學校的機會。我在想父母一定也經歷過掙扎的過程，猶豫該替孩子選擇什麼樣的人生道路才是上策。最終，他們還是堅持讓我去學棋，認為這是對我來說最好的決定，現在回想起來，他們也是做了一個別人眼中錯誤的決定，而這個決定，卻影響了我後半生的命運。

# 永遠不要拒絕生命的安排

## 媽媽教我永遠 Say Yes

媽媽的一生遭遇過許多重大的變化，但她看待任何艱難的處境，始終都很樂觀。媽媽嫁給爸爸的時候，是名副其實的嫁入豪門，幾十年前爸爸在嘉義的老家是擁有千萬身家的工廠老闆，但是因為經營上的疏失造成週轉不靈，一夕之間，我們反而淪落到要連夜北上跑路的窘境。還有，在那樣傳統的年代，女人都有沉重的傳宗接代壓力，更何況是有錢人家，媽媽在生了三個女兒之後，盼來的第一個兒子竟然是如此「另類」的我，親友的閒言閒語可想而知，媽媽也都一路隱忍過來了。甚至在情況最糟的時候，我和其他四個兄弟姊妹差一點就要像電視劇《星星知我心》那樣被分送到其他親友家裡，但是，媽媽心想無論如何還是要維持一家的完整，讓我們守護著彼此成長，即使再辛苦，也是咬牙撐過去。

這樣樂觀的媽媽，對於過去的困難總是笑笑帶過。應該說，媽媽不會對我們隱瞞家裡發生的事情，但她從沒有過怨天尤人的態度，只是簡單明白的讓我們知道事實，要我們學習互相體諒，一起為了這個家「共體時艱」。直到我逐漸長大，開始因為臉上的胎記面臨接踵而來的訕笑奚落，同儕對待我的態度讓我只想要躲起來，徹底封閉自己。這段成長的過程，如果沒有樂觀正向的媽媽，不要說是下棋成為棋王了，也許今天的我早已經患上嚴重的心理疾病，無法正常生活。

任何人遇到媽媽曾經遭遇過的事情，往往都是選擇放棄，但是媽媽沒有。當厄運來敲門時，放棄是最容易的，但是我媽媽選擇的是堅持，她選擇去承擔許多不必要是由她去承擔的責任。我覺得，媽媽的堅持就像是持續對生活說：「Yes」，大大地影響了我。她不曾「教」我如何去面對人生，但是，我看著她怎麼做，就明白無論在什麼時候，都不要拒絕生命的安排，不要拒絕自己。

# 只要堅守信念，就是人生的大勝利

## 下自己的棋，輸了也沒關係

圍棋十訣[7]的其中一訣－棄子爭先，無論從圍棋或是人生來看，都是一種比較崇高的境界。單純就我自己的體會，先，以圍棋來講，這是厚勢，厚勢的概念就有點像支票一樣，是看不見但可能的好處，就好比說，下棋的人如果把牆壁蓋得很厚，別人就不容易攻擊他，但是「厚」的缺點是速度慢，相對來說，立刻可以獲得的實利就少，等於說，要能耐得住一段時間的磨練。直接一點說，眼光短淺的人，會喜歡實利，眼光長遠，像是大部分成功的企業家，就會選擇厚勢。現在看起來無關痛癢的決定，拉長時間來看，往往是最終取得勝利的關鍵。

蘋果電腦的創辦人賈伯斯就是非常典型的例子，以「厚勢」做為下決定的依據，他所看到的深度廣度，甚至比一般企業家都遠很多。現在看來，諾基亞、摩托羅拉這些大廠，在當年絕對是最強、最厲害的，可是那都只是眼前的實利，他們沒有看到後面五年世界可能的變化，所以，蘋果後來居上，把他們都打敗了。

圍棋是一種講究均衡的遊戲，厚勢和實利各有其重要性，下棋的人要能懂

[7] 圍棋十訣　下圍棋的基本原則，分別為不得貪勝、入界宜緩、攻彼顧我、棄子爭先、捨小就大、逢危須棄、慎勿輕速、動須相應、彼強自保、勢孤取和。

得拿捏分寸，才能掌握輸贏。分寸是最難的，每個人的喜好不一樣，每個人看好看壞的判斷也不一樣，一夥人在擺棋，擺出一盤新的局面，假設黑棋是實利的一方、白棋是厚勢，旁觀者看來，喜歡下實利的就會覺得黑棋贏面大，喜歡厚勢的自然會覺得白棋下得好。

其實圍棋也有潮流趨勢，像是有幾年大家就覺得實利比較容易獲勝，過幾年又會覺得厚勢比較好。當然選擇下法跟棋士的個性有很大的關係，但是，當勝負的天平在擺動的時候，整個大環境的氛圍就會開始有影響，如果那陣子下實利的人贏的多，那麼，後輩棋士自然就會覺得，跟著這樣下比較會贏。潮流是會隨著成績改變的，贏的人下什麼風格總會引起新進小棋士們的跟風，小棋士們無論在心智或是棋藝上都還不夠成熟，模仿是成長的必然階段，不過，我會覺得，應該多思考這些勝者在棋局背後的努力，他們的付出和完整的鍛鍊。

# 該轉彎就轉彎，會看到不一樣的世界

## 從實利到厚勢的心境轉折

圍棋的每一場棋局，都是由黑子先走，先走當然有其優勢，所以，在最後計算目數的時候，黑棋要貼白棋目數，現在的規則是黑的要貼白的六目半，也就是說，最後，黑棋至少要勝白棋七目才算是險勝。以前的我，喜歡主動、喜歡先發制人，所以過去向來喜歡下黑棋，隨著人生走入不同的階段，心境也不同，我開始覺得白棋好下，後發亦能制人。或許是經過一些挫折的磨練，下決定變得沉著，凡事謹慎為上策，也影響了下棋的喜好。

年少時期，我是絕對的實利主義者，所以我的老師們以前都說：「周俊勳是個『恨空』的棋士。」恨空是中國的圍棋用語，「空」指的是棋子所圍出的空白格，恨空，簡單說，就是恨自己圍出的空白區不夠多，恨不得整個棋盤都是自己的領域。不過，時空轉換到現在，我下棋的方式有了巨大的轉變，我開始體會到厚勢的好。

以實利下棋的人，棋型往往比較薄，這就好像一個身形單薄的女生，她可能比較容易生病，或者遇到一些挫折時，她就是比較容易受人欺負，也很易碎。實利的優點是很快就能獲得勝利，問題出在很容易被對手壓著走、打得很慘，所以，只要在過程中能夠確實避開對方的攻擊，勝利就在不遠處。反觀厚勢，下厚勢的人一開始要犧牲很多「空」，但是如果你能確實打中對手的要害，那麼你的贏面就很大，若是你找不到對方的弱點，你可能就準備輸棋。

這兩種下棋的方式，沒有絕對的好壞對錯，端看你怎麼去使用、去控制。不過，圍棋的微妙之處，就是它能夠反應出人的心性和蛻變。直到現在，我的圍棋老師們都還認為我的棋風是以前的實利派，但是，在二〇一四年棋王賽的一場棋賽，雖然我是拿黑子，但是我的棋都在天上，底下都是對方的棋，有個觀戰的老師不禁就說：「周俊勳今天是中邪了嗎？棋怎麼都在天上飛！」意思就是說，他覺得很少看到我這麼下棋，後來，我的小棋士學生們就問起我，為什麼我會被說是中邪了，我的回答是：「我也不是轉變棋風，只是想要做點新的嘗試。」

這是很自然的轉變，呼應我看待人生的心態。不過，很弔詭的地方在於，改變，是造成輸棋很大的因素，這是職業棋士們共同的悲哀。可是，改變並不是不好，甚至，我覺得改變是必須的，於是，我決定大膽改變下棋的方式。就好像人生一樣，當我的生活一直被比賽圍繞，喘不過氣，於是擔任總教練的機會降臨，我就抓住這個改變生活的機會，替自己的人生做一個轉彎的決定，似乎是一個必然的歷程。

# 每一個獨立的特質，都是出奇致勝的武器

## 胎記讓我很痛，也讓我很勇敢

胎記，帶給我一個不可能「正常」的人生，從小我就被迫去面對很多人情冷暖，那些非常直接、強烈、衝著我來的情緒，那絕對是一輩子的印記、一輩子的考驗。但是，也許我能換一個角度來說，胎記，是老天爺給我的一份另類的禮物。

二〇〇七年拿到世界冠軍之後，有過幾個家長透過種種方式找到我，告訴我，他們家裡的孩子和我一樣，臉上都有胎記，這幾個孩子都是男生，有高中生、也有國中生，家長說這些孩子很不快樂，有些甚至有輕生的念

頭，甚至已經試過一、兩次了。面對他們的擔憂，我和他們分享我媽媽跟我講過的戈巴契夫[8]的故事，每個人來到世界上都有他的使命，戈巴契夫頭上一塊小小的胎記，就能當蘇聯領導人，我有這麼一大塊，至少會當世界的王，鼓勵我不要氣餒，應該努力充實自己，勇敢地往前走。

我還告訴那些孩子，我很幸運，在自己很小的時候，就找到自己真正喜歡做的事情，可以讓我一輩子朝這個方向走下去。胎記的確讓我很不快樂，但是，因為找到圍棋，我漸漸變得快樂！所以，我建議那些因為胎記而徬徨的孩子，趕快去找尋一件自己喜歡的事情，持續走下去，在那個領域裡不斷成長，不斷找尋快樂，讓那件事情成為自己信心的來源，自己創造自己的成就感。

我總是先問那些孩子，你現在最擅長什麼？畫畫、球類、還是其他？什麼都好，只要你正視自己的才能，把它當作一輩子的事業去努力。像我們這樣的人每天要面臨太多直接的打擊，如果沒有足夠的成就感去支撐，日子當然難過難熬。只要知道有和我一樣狀況的孩子，我就會盡自己的能力去幫助他們，也的確有讓好幾個孩子的狀況因此變好。

其實，即使我已經三十幾歲，拿下世界棋王，說真的，我還是一樣沒有辦法完全無視別人看我的眼光。表面上看起來，我好像很開朗、很開心，但是，很多時候，我只是在壓抑自己、偽裝自己，要真正放下胎記帶來的那些影響，是不可能的。可能我們今天出門的時候，心情很好，幾乎忘記了我們和一般人有什麼不同的地方，可是，路上遇到的任何一個人，他看我們的反應，就會很猛烈的提醒我們：你和一般人不一樣。

[8] 戈巴契夫　前蘇聯總統。在艱苦的環境中成長，努力向上，在蘇聯的政治發展占有舉足輕重的地位。頭上明顯的紅色胎記，是其廣為人知的外貌特徵。

小的時候，遇到這些時刻，我總是非常難過，後來有一段時間，我變得很憤怒，覺得為什麼這個世界要這樣對我，一直到年紀長了一點，經歷多了，雖然不是說釋懷了，但是我開始懂得，這是很正常的人性，怪不得別人，因為即使是我自己，走在路上，看見一些比較特殊的疾病患者，我也都還是會覺得受到衝擊，有驚訝的感覺。如果連我自己都難免有這些反應，又怎麼能怪普通人呢？即便每天都不斷被打擊，還是要勸內心的另一個自己，他們不是故意的，他們只是因為沒有遇到過我這樣的人，很直接地將心裡的衝擊感表現出來。

所以說，要真的放下是不可能的。除非透過外力，像是手術之類的把胎記除掉，直到別人看著我完全不會有任何反應，那才有可能真正放下呀！但是，透過胎記帶來的挫折，讓我更願意堅持自己，走自己想走的路。

○ ● Chapter / 2

# 勇於放棄，成就自己。

# 得意忘形，永遠只能換來失敗

## 輸得最痛的一盤棋

對於一個職業棋士來說，勝負幾乎是天天都在發生的事情，我曾經有一年下了一百多盤棋，扣除飛行時數算下來，有時候一天的比賽都不只一場。那時候的我，以世界冠軍為人生的唯一目標，我的生活除了基本的作息之外，就是下棋，而且是盡所有力氣下贏每一盤棋。贏的時候當然風光美好，但是，心裡對輸的恐懼總是如影隨形，深怕自己一不留意，就落入失敗區，這種天堂和地獄一線之隔，曾經讓我對人生感到迷惘。

在我年紀還小的時候，輸的恐懼是來自於爸爸採取的極其嚴格的訓練方式。每當比賽的結果不如預期，或是爸爸認為我沒有發揮應有的實力而輸棋，我滿腦子裡就是爸爸的斥責和處罰。記得在我十歲那年，有一場盛大的兒童棋賽，無論是名氣或是實質的獎金來說，都很優渥。爸爸很看重那場比賽，而以我當時的實力也確實應該能夠順利脫穎而出，但是，大概是我當時太過興奮，一顆心胡思亂想，最終我輸了比賽。爸爸一聽到這個離譜的結果，當場臉就垮下來，他把我帶到一處沒有其他人的地方，開始霹靂啪啦地罵起來，甚至落下「你要不就從此不要下棋了，要不就從這裡跳下去好了。」這樣的狠話。往往我總是默不作聲聽著爸爸的怒罵，因為我也很清楚是自己錯了、輸了，才會惹得爸爸如此激動。

漸漸長大之後，正式拜師學棋，覺得自己對於贏棋的使命感更加強烈，對輸的恐懼也愈來愈大。以前，單純是對爸爸的嚴厲感到害怕，現在，則是對自己的責難所帶來內心的痛苦，覺得無法自拔。

我人生輸得最痛的一盤棋，就是在二〇〇七年LG盃世界棋王賽的關鍵決賽。當時，我和胡耀宇[9]已經來到爭奪冠亞軍的最後三戰兩勝，而我更是旗開得勝地拿下第一局，到了第二局，開局時明明我也下出很好的一手棋，但是，就在棋局即將結束的最後一個小時，莫名的雜念冒出來了。我滿腦子想的不是接下來應該要怎麼走下一步，反而是「高金額的獎金就快要得手了」、「我就要拿世界冠軍了」這類奇奇怪怪、得意忘形的念頭。短短一個小時，我就這麼在半夢遊的狀態下，犯了很多小錯，連續不斷累積起來，最終我竟然輸給對手半目，這是圍棋比賽最小最小的勝負差距，以百米賽跑來比喻的話，我就像是只輸給對手0.01秒那樣的遺憾。

輸了那盤棋，我崩潰了。那天有許多臺灣媒體等在現場要採訪我，本來大家等的是「即將誕生一個臺灣之光」的喜訊，沒想到我輸了，但記者們還是一湧而上，面對排在面前的許多麥克風，記者們搶著問我：「周先生，你能不能講幾句話？」對著鏡頭的瞬間，我的眼淚不聽使喚地落下。那一剎那的回憶，對我來說，到今天都還是歷歷在目，覺得自己辜負全臺灣人的期望。

可是哭完、講完，還是得面對現實，隔天就是最終的決戰了。那天晚上，我一夜都沒有睡，一直沉溺在輸棋的懊悔裡，以至於隔天去到現場，我感覺自己就像個殭屍一般，心裡還不停想著，昨天那樣好的棋都會下輸，今天應該不可能贏了，我今天就麻木地把棋下完就好了，但是，轉念一想，

[9] 胡耀宇 1982-，中國職業八段棋士，棋風沉穩。

又很想贏得最終的勝利，不想辜負大家的期望，重新振作，專心在棋局上。

結果，對手太緊張了，以對手胡耀宇的實力、名氣都遠勝過當時的我，在賽前大家一致看好他，反而成為讓他輸棋的壓力。我們交手了第一盤他就輸了，第二盤也是因為我的失誤而險勝，第三盤因為眼看著即將到手的勝利，他的心理壓力讓他無法發揮應有的實力。前一天輸棋的壓力逼得我火力全開，幾番交戰之下，讓我最終僅以半目之差抱回了世界冠軍。

回頭看看輸掉的第二盤，深深覺得自己過於得意忘形，認為自己實力得勢，就輕忽了棋局的發展，從這個致命的錯誤看來，成功之前的每一步都要穩紮穩打，才是邁向完勝的不二法門。

# 永遠的勝利從來不是最重要的事情

## 放下得失心，去做真正想做的事

說也奇怪，那一場棋局之後，我看待「勝負」便有了很大的轉變。

在那個無眠的夜晚，我曾經向天上的神明禱告：「如果明天冠軍的那場棋能贏，那這輩子其它的棋我都不要贏也沒有關係。」也許是這個心態的影響，在那之後，雖然緊接著又有重要的比賽，得失心已經不再左右我。我已經贏下人生最重要的一場比賽，象徵著從我九歲認真決心以下棋為志到二十七歲站上頂峰，以勝負評價人生的階段已然結束，之後的勝負不是不重要，但已經不再那樣緊張，恐懼也不再困擾著我。輸棋當然還是難免痛苦，可是贏棋的喜悅也不像以往那樣強烈。

拿到世界冠軍之後，「勝」不再是我人生唯一的天堂，我開始有心去看、去找、去做更多重要的事情，為自己，也為別人。我的心態已經改變了，我不再覺得輸是不好的，人生並非只有一個目的，人生有不同的階段，每個階段要做的只是盡力去完成自己想做的事情，不單單只是勝與負而已。更重要的是，我開始想要回饋，讓更多人瞭解圍棋的好。

我的成長背景，和許多棋壇名人不太一樣，小時候的家境並不好，因此沒有辦法像一般潛力棋士選擇去日本、韓國接受長期的訓練。我是一個人在臺灣跌跌撞撞爬起來的，這段「爬」的過程中，我接受很多長輩無私的付出，他們不見得是給予多大的金錢資助，而是總在關鍵的時刻盡己力去推我一把，即便後來有機會到北京學棋，也受過許多當地領導的幫助。那個時候的我，是沒有本錢回饋的，所以在我成功之後，儘管我不一定有辦法去幫助那些曾經幫過我的人，轉念一想，我覺得我應該傳承當時所接受過的愛，轉而去幫助其他需要的人。

# 積極的溝通，讓決定更圓滿

## 人生第一次自動放棄

在我必須如此進取才能取得成功的人生歷程中，有過一次「自動放棄」的經驗，雖然在當下被認為是意氣用事的行為，但卻換來意想不到的結果。

臺灣棋院是二〇〇〇年成立的，二〇〇一年年底，棋院內部有個不對外公開的邀請賽，我跟另一位棋士戰績相等，依照規定要加賽一盤定奪冠亞軍，我因為有別的比賽撞期，所以和對手協定了一個日期，等我回國再下最後一盤。等到我回來，聯絡對方要下棋的時候，對方卻支吾其詞跟我說：「隔天到棋院去再說。」

見了面，沒有要下棋，對方反而神秘地把我拉進房間，告訴我，比賽已經「結束了」。秘書長不知為何這樣「處理」了這場比賽，並且對上對下都宣布我們已經進行過這場比賽，結果是「我輸了、對手贏了」。當下我氣炸了，覺得這種不實的說法太過分，本來立刻就要衝去找秘書長理論，卻被對手攔下來，好意苦勸我說這樣鬧下去對每個人都不好。當時，我雖然被他勸下了，心裡的憤怒卻是難以平息。

事件發生之後的每一天，我都會在棋院裡遇見秘書長，但卻從沒有獲得任何解釋。我心裡的關卡一直過不去，一直跟媽媽、跟其他棋士們討論，就是嚥不下這口氣，我抓住棋院董事長來棋院下棋的機會，自以為是幫自己「申冤」，在董事長專心下棋的時候，在他身邊忿忿地把這件事情的原委講了出來。

這事情回頭想起真的是非常小的一件事，獎金不高，又是內部賽，無損於我的排名，董事長當時應該也是這麼想，於是態度一派輕鬆地回我：「真的嗎？可能是棋院搞錯了吧。」當事人秘書長其實也在場，我看見他臉色大變，急得想說點什麼，可是依舊沒有得到我很執著的那個解釋，他只有順著董事長的話，建議我和對手乾脆把冠亞軍獎金相加除以二，平分了事。

事件又經過幾個月，我心裡的氣憤還是梗在那裡，執念很深，於是趁著要出國比賽之際，留了一封信在董事長桌上，表明我無法接受那樣不公平的處理、我要退出臺灣棋院，放棄後續的比賽。那一年，我再也沒有參加臺灣棋院的比賽，結果不只是放棄國內比賽的許多高額獎金，還把整個棋壇搞得雞飛狗跳。

臺灣棋院的翁明顯[10]董事長不了解我這麼生氣是怎麼回事，職業棋士們也都不諒解我莫名奇妙的作為，應該說，大家都同意那個比賽沒有比就定輸贏是不妥，可是也沒什麼大不了的，真的只是一個非常小的比賽，他們不明白我在自以為是什麼、堅持什麼。

對我而言，當時的我還一心認為棋士就是要具有黑白分明，對就是對、錯就是錯的風骨，沒有模糊地帶，也沒有容忍的必要，尤其事發這麼久了，當事人都沒有給我一個合理的解釋，反而是以「長輩」的姿態，行高壓政策，他叫我怎麼做我就該乖乖照做，這一點，我無法忍受。所以我毅然決然，決定離開。

[10] 翁明顯 1943-，中環集團董事長，熱愛圍棋，具有業餘六段的實力。

那時候才二十二歲、又是臺灣第一好手的我，的確有點自以為是的心態，仗著自己是頂尖的棋士，莫名產生一種大家都應該要尊重我的心態。但是，爭這一小口氣，真的是為了自己好嗎？其實不然，我自己也傷得很重。我損失的不只是那以百萬計的獎金年收入，最重要的是，從二〇〇二年開始，我從本來最被董事長看重的棋士，變成最不受歡迎的那一個，打入冷宮，所有的棋士們更是一致認為我太囂張自傲了。

這個自動放棄的初衷，堅持我認為對的價值，現在想起，我不後悔。但，如果時光倒轉，我會重新調整處理這件事情的態度和方法，自視甚高的態度一定要避免，即便自己的權益受到漠視，也應該採取積極的方式去溝通、去尋求解釋，而不是帶著情緒的一走了之，事情才可能有被解決的一天。

# 放棄不一定是「失」，往往「得」到更多機會

## 棄守臺灣，出走中國練棋

當時臺灣有兩個職業制的棋院組織，除了臺灣棋院之外，還有中國圍棋會，兩邊都有職業比賽，本來包括我在內有部分職業棋士是可以跨越兩邊參加所有的比賽，但是，我和臺灣棋院的衝突發生之後，情況開始遽變，有些棋士被迫要選邊站，兩個組織忽然變得壁壘分明，原因在於我其實保有中國圍棋會的資格，還能夠參加臺灣棋院的比賽。如果放任這個分裂的狀況發展下去，對兩個組織都不好，對職業棋士的發展更是堪慮。

因為這個情況愈演愈烈，搞得雙方僵持不下，許多圍棋界的前輩紛紛來找我媽媽談這件事情，希望媽媽可以勸我，讓事情有一點轉機。說真的，那時候心一橫的我，本來還打算就此不要回臺灣棋院下棋了。但是，事情發展成這樣，影響整個臺灣圍棋界的運作，我覺得自己有義務要為了其他棋士的權益回來面對。

媽媽陪著我親自去拜訪翁董事長，翁董事長問了我一句話：「想不想回來臺灣棋院比賽？」我也就順勢把那解決不了的問題拿出來向董事長請益，我只能很直接地告訴董事長，有聽到風聲說臺灣棋院要關上兩個組織之間的那扇門，如果我回臺灣棋院，這件事情會有辦法解決嗎？翁董事長承諾若是我回臺灣棋院，兩邊組織就會維持現狀。於是，我就回來了。

有意思的是，當下的你爭我奪，真的很膠著，很多事情都好像非怎樣不可。把時間拉得更遠一點，很多朋友在看我的發展路程，都會說，也許，就是二〇〇二年那一年我犧牲了在臺灣的種種，抱著破釜沉舟的決心，想說既然回不去了就要好好在中國鍛鍊，闖出另一番天地，因此，後來我才有可能在二〇〇七年拿下世界冠軍。單純從那一年來看，誰都會覺得我很蠢，放著大筆獎金比賽不下，任由個人恩怨影響人生的重大決定，還把棋壇搞得烏烟瘴氣的、得罪了老闆。但是這個決定，讓我在中國有了不可能再有的決心，精進了棋力，那當下也許也還看不出所以，直到幾年之後，才明白自己的「失」帶來了多大的「得」。

我放棄比賽，卻換來時間，換來更強大的鬥志。臺灣棋院二〇〇〇年成立以後，我大部分的時間都被比賽綁住，在那之前，臺灣圍棋界的比賽一年只有三、四個，時間方面很好控制，所以，十幾歲的時候，我才能讓自己有半年的時間在北京進修，臺灣棋院的成立當然幫助我提高收入，但是我的時間變得很零碎，雖然心裡早有想要再去精進棋藝的念頭，卻被現實環境所阻礙。

從人生來看既得的、實際的利益，要放棄如此實際的東西，去換相對來說不一定能夠成真的「價值」，在多數現代人的眼光裡，先捨後得都已經做不到了，更何況還是個不一定能得到的。我很欣慰我當時那個「錯誤的決定」，讓我意外獲得一個精進棋藝的機會。

# 推動一個改變，需要周全的規劃

## 躁進帶來人生最大的後悔

我自己曾經是個非常囂張、討人厭的傢伙，我的老師也都很討厭我。那是從我十八歲開始到二十七歲拿到世界冠軍的那段時間吧，我在臺灣的成績很好，我自己沒有自覺，可是在別人眼裡，那時候的我原來是很囂張、不可一世的。很矛盾的是，儘管那段時間我已經有了在中國受訓的經歷，可是，也許是整個職業圍棋圈的氛圍，我在其它環境時還好，但是一旦一群職業棋士聚在一起，我在我最熟悉的主場，潛意識裡的自以為是就浮上檯面了。現在看起來，我真的是還很嫩，很多事情都還懵懂無知的。

拿到世界冠軍之後，很快的結婚、有了孩子，事情一直接踵而來，我開始會回顧自己的一生，得到了什麼、失去了什麼、做過了什麼。我開始會想很多，然後就會發現，自己根本沒有什麼了不起，甚至開始覺得自己很糟糕，很多地方有待改進。

二〇〇七年拿到世界冠軍回來之後，心裡充滿了理想與抱負，覺得自己拿到臺灣職業制度二、三十年以來第一個世界冠軍，應該可以為臺灣棋壇做一些改革和變化。當時，臺灣棋院有一位很資深的長官，單純以職業棋士的立場來看，許多人覺得他做的不是那麼好，不適任。憑著一股盲目的熱忱，我自以為自己可以針對這件事情做些什麼，就一股腦兒地連同幾位老師冒然去找資助棋院的老闆，把話說得很直白，表示這個人不適任，應該換掉。

的確，因為當時的我身份已經不同，所以，老闆很重視我反應的聲音，於是開始進行調查，也確實發現許多問題是他先前沒有注意到的，老闆採取了很嚴厲的手段，把當時的長官換掉。當時，所有參與這件事的人都覺得：「很好！我們終於做了一件對的事情！」

可是，我們其實犯了很多錯誤。第一，手法太過於躁進，我們沒有為長官多想想，當時，不只是他自己，連同他的家人都在為棋院服務，他被請走，連帶著家人也都丟了工作，老實說，最初我們沒有想到後果會這麼嚴重。第二，我們也沒有為老闆想清楚妥善的替代方案，很失敗的就是，我們覺得對方不適任，但是我們之中也沒有人要出任，也沒有想好合適的人選。結果老闆找來另一個他信任的人，起初，大家都覺得蠻好的，這個人選有許多上一任所沒有的優點，但是，隨著時間過去，我們發現更多以前不會有的問題慢慢浮現。當人掌握的權力愈來愈大、手上的資源愈來愈多，很多事情就會開始腐化，錢也好、人也好，一旦缺少了汰換機制的刺激，當權者勢必會走偏。

可是，因為我們已經用非常手段做過一次強制性的換人計畫，後續的效應也不好，所以，我們無論如何也不能再做第二次了。這是我這輩子最後悔的一件事，如果有小叮噹的時光機，我會回到那個時候，同樣還是會想推動改革，但是做法一定會所不同。我會先找到真正合適的候選人，然後不再用衝動、躁進的手段去促使改變發生。

很長一段時間，被我們逼走的長官再也不與我們往來。圍棋的圈子很小，大家都知道是我帶頭做了這麼一件糟糕的事情。這個事件，讓我有很大的反省，每一個決定都應該更謹慎，才能讓事情有好的發展。

# 成就大環境，需要一點犧牲自己的勇氣

## 決定翻轉命運

撤換臺灣棋院管理長官的事件，後續的效應，大得超乎我的想像，原來一個躁進的決定，會影響的不只是自己，還有別人的人生。但是，糟糕的是，在那件事情之後，我對自己竟然還沒有徹底覺悟。隔年就發生了一件大事，以至於我和一些棋士被臺灣棋院禁賽，取消參賽資格，後來我們出來組成「中華職業圍棋協會」，希望藉此把職業棋士再次凝聚起來，獨立成為一個組織，一個不會受制於企業主的組織。

二〇〇七年九月新任長官上任之後，開始重用一、兩個自己親信的員工，員工常常犯錯，大大小小的錯誤，三天兩頭就上演，職業棋士們不斷在反應，都沒有獲得正面的解決。

其中最離譜的是一位員工，不知道是因為能力還是用心不足，他常常忘東忘西。年初棋院有一場大比賽，需要事先通知六十多位參加的棋士，他偏偏就會漏掉兩、三個人沒通知到，到了比賽當天，發現有人缺席，才驚覺自己漏了這些棋士沒通知，趕緊打電話叫棋士來，他也不管對方是否方便，就要人家趕快到現場來，荒唐的是，要對弈的對手已經等在現場，那到底是應該要裁定判負還是怎樣呢？等到無辜沒被通知到的棋士匆忙趕到現場時，時間早已經過了不知多久，此時，新任長官就會跑出來要大家賣他個面子，還是把比賽下了，「這是棋院的疏忽，下次不會了。」

第一次發生這個狀況，大家覺得他可能是新手，不清楚狀況，也不以為意，摸摸鼻子也就算了。沒想到不出兩個星期，一樣的狀況又出現了，而且沒被通知的人數變得更多。一次兩次三次，棋士們當然非常不高興，但是只要我們態度兇一點，這位員工索性就上演哭戲，新任長官也會跟著心軟。

一開始的時候，新任長官還會耐著性子聽我們抱怨，但是，日子一久，他發現我們過於頻繁在說同一個人的不是，也開始產生不高興的情緒。我們這批棋士說來也不識相，明明已經是很劍拔弩張的情況，我們還是直著一根腸子覺得事情很單純，如果一個人不適用，換掉就好了啊！可是癥結就在於新任長官不覺得這事有什麼大不了，或者說，他覺得問題是出在我們身上。面對這個員工的狀況，他曾經跟我們說：「你們要知道，他還是新手，還在學習中，並非能力不足，你們不要再針對他。」

我們這批棋士耳聞這個員工會在新任長官面前講我們的壞話，最重要的是那些內容往往是他自己編造出來，單純為了搬弄是非而亂說的謠言。因為我是二〇〇七年職業棋士的會長，其他棋士有什麼狀況一定都會來跟我反應，到了那年年底，職業棋士和新任長官之間的關係已經非常惡劣，尤其是我和他之間的摩擦，不勝枚舉。久而久之，我們這些「專找麻煩」的小壞蛋就成為新任長官心中的黑名單。

二〇〇八年開始，從業餘棋界開始陸陸續續有風聲傳來，甚至一些認識多年但平時沒有在聯絡的老師們，都會突然來找我，委婉地提醒我：「你們要小心！有人要修理你們了，你們最好不要再去反應什麼了。」但是他們不能像我爸爸那樣，明白的說什麼、強迫我怎麼做，所以，我完全不當回事，況且，當時我們並沒有做錯什麼事情啊！現在回想，我得說那是因為二〇〇七年拿了世界冠軍，讓我竟然產生一種覺得自己什麼事情都能夠做到的錯覺，因此，我完全沒有感覺，或者不在意周圍環境的改變，年輕氣盛，又自以為是，一次又一次把自己逼向危險的邊緣，長輩的提點也聽不進去。

二〇〇八年二月二十號，台灣棋院突然召開全院會議，會上新任長官丟出一張紙「台灣棋院同意書」，所有職業棋士看到內容都傻住了，上面有十幾條條例，都非常嚴厲，首當其衝的第一條寫著「本院棋士應百分之百尊重棋院董事長、秘書長及職員的安排，如不服從者，第一次警告，第二次便開除職業棋士資格」，同意書上條條都是這樣直接、強硬的規定，且最後的處罰都是開除職業資格。從我知道有職業制度以來，沒聽說過有哪個國家把職業棋士資格開除掉過，這張同意書還不只是如此，他要求大家在一個星期內必須簽回，不簽，三月一日起，就會被棋院禁賽五年！

身為棋士會會長的我，趕緊找來所有職業棋士開會。二〇〇八年台灣棋院是台灣舉辦最多職業比賽的機構，對大多數的棋士而言，舞台，還是比較重要的，所以，儘管條例很不合理，他們還是覺得不能跟棋院對抗，於是棋士之間就產生了分裂。到了二月底，將近五十位棋士裡，多數人想要忍耐，但是，包括我在內有十三位棋士沒有簽同意書，我們所有的比賽資格都被取消掉。這個事件，鬧得非常嚴重，對台灣的圍棋發展來說也是很大的傷害，兩敗俱傷，雙方都很強硬不退讓。我們這十三位棋士被迫獨立出來，成立了中華職業圍棋協會。

事件的發展很微妙。二〇一〇年是廣州亞運，二〇〇八年年底，在廣州棋院和中國棋院的努力之下，把圍棋推入了亞運，於是，臺灣的中華奧會就開始發通知邀集國手，因為我的成績仍在全國最高的位置，此時，處境就尷尬了起來，要徵召的四位臺灣棋士裡，另外三位都有簽同意書，獨獨就是我沒有，於是，幾個老闆們又必須聚在一起討論該怎麼處理「我的問題」。站在臺灣棋院的立場，當然覺得不能獨厚我，不然怎麼對得起其他已經簽了同意書的棋士，但是其他老闆的看法又不同了。所以，最後折衷的方式，就是臺灣棋院修改同意書的內容，把文字修飾到完全不具有強制性，把當初我們十三個人無法接受的部分都修飾掉，由海峰棋院的林董出面，帶我們回去簽同意書。

在二〇〇九年九月，我們這十三個人又重新加入臺灣棋院的體制下，如此一來，才能在所有條件都平等的狀態下，開始培訓。雖然我心裡還是有些不願意，但是，這畢竟是圍棋第一次被中華奧會徵召，不能讓奧會覺得臺灣圍棋的組織一團混亂。對老闆們而言，也唯有如此，才能順利獲取國家資源，培訓國手。大家都有委屈，但是為了讓中華圍棋隊能順利誕生，就達成了協商。

如今回頭看這個事件，從新任長官的立場而言，管理一個組織需要一些手段，甚至一點魄力，尋求現狀的改變，於是，他下了這樣的決定似乎也能被理解。我現在也擔任總教練，管理小棋士們，深深了解管理一個群體的不容易，需要兼顧的面向很多，非常時期使用一些非常手段在所難免。只是，若能在這些強硬的方式之下，多廣納不同的意見和聲音，應該會讓事情有更圓滿的發展。

## 讓做決定的步調慢下來，愈能讓事情往好的方向發展

### 從世界冠軍跌落禁賽谷底

這件事情的源頭，說穿了，其實只是為了把我趕出棋院。主事者料想我的個性是一定不會簽那樣的同意書，沒想到會有輩份高的老師和小棋士共十幾個人願意跟我一起同進退，於是事件變得很難堪。說起來，新任秘書長其實是從小到大都很照顧我的長輩，同意書事件對我們兩個長久以來的關係也造成很大的傷害。他從我十歲起就看著我長大，所以，後來在我帶頭去反應問題時，很多時候，他沒有把我當「棋士」看，而是覺得我只是以前那個什麼都不懂的小朋友，他曾經對我說：「你們太看重事情的對錯了，

為什麼不寬容一點？」我回他：「同樣的錯誤已經太多次了，而且已經讓太多人都不知道應該怎麼辦，我們倚賴的制度都因為一個人的疏忽不斷被打破。」

在事件爆發的時候，這位我從小覺得非常慈祥的長輩，好像變成另一個人似的，還一度四處散布很可怕的謠言，我幾乎被逼著要召開記者會澄清，可以想見我的處境之艱難。好幾次都是已經聯絡了許多記者，然後才又被圍棋界的大老們給擋了下來。因為如果我把這樣的事件鬧大，臺灣圍棋的職業制度可能會毀于一旦，既有的企業支持可能會因此而退出，新的贊助者即使對圍棋有心，也會因此而遲疑觀望。也許砍掉重練會有很好的結果，但是這中間停擺、空白、痛苦的五年、十年都要由我一個人去承擔，而且，未來的事情，誰又說得準？所以，包括媽媽在內的所有長輩們都勸我說，他們知道我委屈，但是，一個人委屈能夠保全大局，那就應該忍耐。

走過那場風波，今天再回頭想，我覺得重來一次的話，我還是會去反應這個問題，我不後悔拒簽同意書的決定，但是，我會改變說話的技巧和態度，當時很熱心、急著想要幫大家做事的我，聽到一個聲音，就會去反應，加上秘書長一直是對我很好的長輩，我心裡總覺得因為親近，所以什麼話都可以很直接、很直白地講，我其實沒有真的顧及秘書長的感受。

更重要的是，如果有重新一次的機會，我會先統一棋士們的聲音。雖然我認為存在的問題，棋士們都認同，也都深受其害，可是，面對團體利益，多數人還是會選擇忍耐「小事」，有棋下就好。一個大團體在面對一個問題的時候，往往會有很多不同的聲音，當時的我竟然沒有想到要先和大家討論。當我為了自己深信是對的事情、是為大家好的事情而衝出去了，才發現，自己的背後根本沒有人支持我。

圍棋十訣的其中一訣，攻彼顧我，這個「顧」，講的是一種自己的後盾。如果對內沒有堅強的後盾，你無法真的對外進攻。同意書事件爆發的當下，我發現我只看了事情的表面，本應該團結站在一條戰線上的棋士，大家都有現實生活的考量，面對一下子可能失去舞台、失去生活依靠的危機，相對來說，同意書的內容就變得可以接受了。改革應該是基於團體的共識之下，才有力量前進，我在一心想要做些什麼的時候，卻完全沒有做到「顧我」。

無論如何，剛剛拿了世界冠軍，我等於幾乎是馬上就從高峰墜落，陷入很困難的泥沼。但是，對我自己來說，也未嘗不是好事。〇七年剛回國時，我做什麼事情都很衝，我覺得自己站在高峰上，卻反而沒有以比較高的眼界去為當權者想想他們為什麼會做某些決定，我用很急進的方式改革，想要快速帶來新氣象，卻因為自己的不成熟，什麼都沒有做到。這段錯誤讓我學會凡事應該更謹慎，思考得更周到，再去執行，事情才會更圓滿。

# 眼前的錯不是錯，日後見分曉

## 從前輩身上學經驗

我都稱呼為應公公的應昌期老先生，是臺灣圍棋界的傳奇人物，早在八〇年代初期，他就拿出一億元的資金設立基金會，之後舉凡臺灣圍棋的重要賽事，都很仰賴應公公的幫助。應公公是一個非常成功的實業家，早期曾經做到臺灣銀行的總經理，後來自行創業之後，跨足多領域，開了許多公司，而圍棋則始終是他的最愛。

四十幾年前，臺灣圍棋還沒有職業制度，名人賽是一個無論在質、量方面都很重要的比賽。在第一屆比賽前，主辦單位公布的規則為挑戰制，第一屆冠軍可以擁有豁免權，在第二屆比賽時，無需從頭下起，待其他棋士全部比完之後淘汰出的最強者，再來和第一屆冠軍競逐冠亞軍。沒想到，在第一屆頒獎典禮上，作為贊助主，應公公突然就起心動念，覺得挑戰制的比賽不夠刺激，不公平之外，競爭好像不夠激烈，應該要每一屆都從頭開始打起，產生的冠軍才真的是當屆最強的棋士。於是，當著所有參賽者和媒體的面前，應公公宣布取消本來公布的賽制，每一屆都要從頭比賽起。

這個規則本身並無問題，問題在於應公公的做法，有點太突然了，原本已經承諾出去的，說改就改。站在棋士的立場來說，這情況實在無法接受，不尊重大家的觀感。要改可以從第三屆再改，這樣大家都不會有話說。但是，應公公話說出去了，報社記者也就即刻傳出去了，這下才真是改不了了。而尷尬且委屈的第一屆冠軍得主，就是海峰棋院的林文伯[11]董事長。

由於四十幾年前名人盃的冠軍獎金就有十萬元，說不定足以買下一棟房子，可以說是相當豐厚。因此，換作是一般棋士，遇到應公公的奇招，可能會看在獎金的份上，選擇隱忍。但是林董事長卻做了一個很酷的決定，他決定直接放棄參加第二屆名人盃。

我想這無關棋力，因為即使是下屆重來，林董事長也一樣具有冠軍之姿，但是他覺得這樣說話不算話的做法實在不合理，他無法接受，他寧可放棄他的資格，也不想屈就賽制。不只是這樣，林董事長把名人盃的十萬元獎金拿來作為創業的基金，以自己大學時代所學的專業，開起一家小公司，也就是現在的矽品。

林董事長本來就是非常聰明的人，大學念的是交通大學電子物理系，還在學的時候，就開始一邊下棋，無論是學業還是棋藝都非常傑出，圍棋的計算和謀略思考，甚至幫助他在學業上有更深層的理解。直到現在，林董事長還會說起這件事，「我能夠有今天，還要感謝應公公當時推翻賽制。」因為，如果沒有這樣突如其來的狀況，維持挑戰制的話，林董事長一定會繼續參賽，那他現在可能只是一個有名的棋士，未必能夠把圍棋界提供的優渥條件放下，自己創業，闖出不同的事業。

林董事長常常跟我講，眼前遇到不好的事情，未必就是不好，看你怎麼去選擇，堅守自己想要守護的價值，你就能擺脫困境，找到另一片天空。

11 林文伯　第一屆名人賽冠軍，榮譽八段，交通大學電子物理系畢業，現任矽品精密董事長。

# 用不同的角度看待一個決定，找出最好的解決方式

## 決定的好壞，自己最清楚

在我崛起之前，八〇年代圍棋界的霸主是陳長清[12]老師，在他的那個年代，臺灣三個重要的圍棋比賽都是採取挑戰制，冠軍等在最後，讓其他人先廝殺一輪才能挑戰他，就有過好幾年，冠軍年年都由陳老師包辦。每場比賽七盤棋，陳老師只需要先下贏四場就獲勝，也就是說，每年陳老師只需要下不到二十盤棋就能包辦每個比賽四十萬的冠軍獎金。這樣一人獨霸的情況維持了三、五年，作為這些比賽最主要的贊助主，應公公開始覺得有些無趣，冠軍不需要花太多力氣就可以獲得絕大多數的獎金，其他人拼死拼

活卻只能分到一點點獎金。

名人賽當屆的頒獎典禮和下一屆的開幕式是合在一起舉辦的，應公公又再次在頒獎典禮前，才突如其來通知所有會參與下一屆的棋士，賽制要改成擂台賽。擂台賽可以說是把初賽、複賽和挑戰賽三個賽程全部打破，改為只有初賽，然後選出最後十人，這十人再兩兩競賽，選出最後的冠軍。而改制後每一屆的第一場賽會有點像是示範賽一樣的味道，由第一名和第二名對弈，第三名則在現場為媒體、來賓做個棋盤的大解說。因為又是一個很突然的改變，陳老師也一樣無法接受。只是，他捨棄的決定，卻帶來很大的後續效應。

12 陳長清　中國圍棋會四品職業棋士，九〇年代臺灣棋壇霸主。

陳長清老師是很有個性、很有棋士風骨的人，而棋士其實是很講尊嚴、甚至帶點俠客味道的類型，有自己的堅持，是非分明，覺得不對的事情就是不對。所以，遭遇應公公這樣不按牌理出牌的事，陳老師在頒獎典禮當天，雖然還是有出席，並且仍有上台領獎致辭，結束之後，主辦單位緊接著佈置起馬上要開賽的場地，等到要開賽時，大家這才發現不好了！陳老師不見了！比賽頓時就開天窗！然後，當場報社傻了、應公公也傻了。

這樣一個非常強硬、直接的決定，對臺灣的圍棋發展投下意想不到的震撼彈。應公公受了打擊，加上既有的派系鬥爭，一時間風言風語四起，應公公對圍棋的投入就轉為保守，不再投入那麼多資源，後來資助的主力也轉往中國。事件本身其實難分對錯，可是當下的取捨，卻造成了巨大的影響。

小時候的我看事情其實很像棋子，黑就是黑，白就是白，是非對錯很絕對，面對爭議的時候，過去我總會覺得表面上的錯就是錯，很厭惡「不認錯」的人和狀況，長大後才發現，在一個表象之下，還有很多不為人知的內情，才開始想到要從不同的角度去做深入的了解。一個決定的好壞，冷暖自知，堅持才是創造人生價值的不二法門，陳老師替實踐自己的風骨的精神，做了最好的詮釋。

## 改變制度的缺失，需要一股強大的動力支撐

### 培育小棋士的種子計劃

二〇一三年五月底，海峰棋院貼出公告，通知全臺灣的小朋友，「中華職業圍棋協會」圍棋道場要選拔種子棋士，這是一個培育小棋王的計劃，而一切的緣起，來自於同年年初我和林文伯董事長的一席談話。臺灣每年會誕生四位職業棋士，但是，因為制度的關係，所以近幾年來，每年誕生的小棋士素質每況愈下。跟我學棋的年代一樣，有學習潛力的小朋友最後還是選擇正統學業路線，留下來的那些人，不需要特別努力訓練，碰上有漏洞的制度，變成等久了就可以升級職業的窘況。

臺灣棋院有院生制度，排名最上面的十二名院生是A組，而每年院生的前兩名可以升上職業棋士，但是，坦白說，有實力的就只有某幾個，每年固定要升上去的結果，就是本來排名在後的，排個幾年隊，不用太過努力也無需衝刺，只是每個週末花點時間在棋院裡當院生，無關痛癢的比賽，每週內部排名也許上上下下，最終還是能成為職業棋士。這種情況至少有三、四年了，職業棋士的素質下滑也成為不爭的事實。

除了臺灣棋院每年排名前兩名的棋士鐵定會升成職業級之外，另外兩個職業名額，會由院生A組的三到十二名棋士抓出來，和外面業餘社會組的十個選手，二十個人下一場大的比賽，產生冠亞軍獲得職業資格。這幾年來，社會組的強度，因為是真材實料在比賽，甚至也有在中國受訓練的小孩跑到業餘這一塊來爭取晉級的資格，所以，選出的選手，都強過棋院的院生。

既行了許多年的規則我們無法改變，所以，我們想要改變環境，為太過於安逸的狀態創造一點刺激。想要打破排隊的環境，就要創造出更強一批的競爭對手，迫使大家都動起來，不能再混了。海峰棋院的種子計劃就是一股促動的力量。

在林董事長的贊助之下，徵選上的小棋士可以學費全免，道場負責提供午餐，每週一到週五，上午九點到下午五點，由十五位臺灣棋界知名的棋士，負責指導小朋友圍棋，打譜、做死活題、對局、覆盤等。這個計劃目前為期兩年，我們計劃讓這批小棋士加入臺灣棋院院生的行列，在經過系統訓練的狀況下，正面衝擊原本可能早已無心鑽研的院生。

但是，都已經確定要選拔了，卻還沒有找到像導師角色的總教練人選，苦無職業棋士願意出任。擔任總教練，讓職業棋士卻步的困難點主要有兩個，一是要每天在道場裡陪小朋友學棋下棋，一是要承擔成敗的壓力，每天已經要付出這麼多時間去培訓他們，一年下來，小朋友的成果可以達到什麼程度還是很難說，要是沒有什麼好的成績，很多棋士還會害怕這種潛在的失敗危機，期望值的高低差，還有外界的聲音，這些事情讓大家都拒絕接受這個工作。

做為一個總教練，首先棋力必須有一定的程度以上，再者，這個人必須具有強大的責任感，因為每天必須和小朋友長時間貼近接觸，需要指導他們的生活教育一定遠超過圍棋本身，拉哩拉雜的事情光用想像的就有一堆了。我們常這樣形容，有些棋士的個性比較像是令狐沖，武功很高強，但是，你要跟他拜師學藝，就不是那麼適合。

# 別人的惋惜不足道，自己的滿足最重要

## 獎金都放下，專心教出小棋王

這個種子計劃，是以中華職業圍棋協會之名推動，而職協對我來說很重要，我就好像職協的媽媽一樣，創辦的過程我從頭到尾都有參與其中，所以，職協重大決策事情，我都很想要盡心盡力去協助完成。林董決定出錢贊助之後，我想要把計畫做好的決心愈來愈強烈。

我本來也是那個在幫忙找總教練的人，同時，我也是符合總教練資格的人，所以，我完全可以體會其他棋士的顧慮。眼看著開學迫在眉睫了，如果再沒有合適的人選出任，這個計畫就會開天窗，轉念一想，何不就由我自己來試試看呢？

我和媽媽、太太討論出任總教練的事情。媽媽首當其衝投反對票，因為雖然我的年紀不小，但是在此之前的幾年，成績都還一直維持在前三、四名位置，這樣的位置在職業賽中都還是保有優先的選拔權，代表參加世界賽的機率是很高的，所以媽媽認為我應該繼續下棋，繼續站在第一線，衝刺比賽，不要那麼早就退居二線去走教育路線。太太則是尊重我的意願，她覺得如果我想試試看，就去做吧。

選手的生活重心多數是在訓練，不只是時間，還有全副的心神都在比賽上面，下棋、打譜、做死活題、甚至是自我的研究修煉方式，不一定是要死坐在棋盤前，甚至是出外走走，開闊自己的眼界、開闊思路想法等等，因為圍棋不只是計算而已，相較於西洋棋、象棋絕大多數都是計算分勝負，圍棋的計算只佔輸贏的一半機率，剩下的一半，是說不出來的哲理，很多的判斷都不是用計算去衡量的。這就是為什麼電腦圍棋離人腦還有很大的距離，計算再強，少了人生的閱歷，臨場的判斷就是有落差。

我在結婚之前，人生全部的重心就是比賽，我的人生裡，最多時候可能有百分之八十都在圍棋上，就算是後來年紀愈來愈大，接觸外面的機會多，變得比較貪玩，也都至少會保持百分之五十以上的比重在訓練棋力。但是，接下總教練的工作之後，單單只是第一年，比賽的部分，我就只能分出百分之二十的心力去應戰，時間和精神大大被瓜分掉，努力不夠，成績很明顯就會反映出來，一分耕耘、一分收穫，很現實的。

但是，早在二〇〇七年拿到世界冠軍之後，我就開始有培育小棋士的想法了。臺灣早就該有這樣的計劃了，好不容易等到經費，場地也水到渠成，就連行政支援也到位，對小朋友來說，這是個很難得的機會。少了總教練，這個計劃就像欠了東風，既然海峰棋院的老闆願意支持，如果因為沒有好的老師讓這個計劃變得無法運作，對放棄學業、放棄原本生活來參加計劃的小朋友來講，我覺得太可惜、太遺憾。

很多棋士問過我這份工作的薪水，這份薪水以我的獎金收入來說，不算高，大家都問我既然如此幹嘛要做，甚至連棋院的前輩們，一方面很高興我願意接下這個任務，可是，一方面他們也為我感到可惜，大家都明白我要犧牲掉許多事情，圍棋界的老師們更紛紛來勸我，「阿勳，你現在還不太適合做這件事情。」大家都覺得我應該繼續比賽，再往上拼拼看，為此，我一一跟大家溝通為什麼想要做這件事情。縱使媽媽反對、其他棋友的勸退，無論如何，就在這樣一片的可惜聲中，最後，我還是毅然決然接下這個工作。

一開始，我真的非常不能夠適應擔任總教練的生活。

首先是生活作息。當教練之後的作息就像上班族一樣，非常固定而規律，不像自我訓練的時候，彈性很大，可以自由調配時間規劃生活。總教練的生活讓我必須每天早起，下班之後回到家，我還要繼續思考很多棋院裡的事情，八個小朋友，每個人每天的狀況都不一樣，我會針對他們個人的問題去想特定的解決辦法。所以，一接下這個職務之後，我的比賽成績馬上就下滑了，但我甘之如飴，看著小棋士們一天比一天進步，心裡的疲憊就瞬間消失了。

# 驕傲必敗，凡事謙虛以待

## 品性第一，教棋其次

接任總教練之前，本來以為只需要處理「圍棋」方面的問題，我只要把棋教好就好。但是，實際做了之後，才發現事情沒有我想得那麼簡單。這些小朋友的年紀都很小，他們的秩序首先就是一個很大的問題。小朋友聚在一起，嘰嘰喳喳吵吵鬧鬧是很自然的，也不可能每個都很乖。而且，八個小朋友說起來也許不算多，但是已經足夠去分派系小團體，兩個、三個互相鬥來鬥去的，我就必須去排解他們相處上的問題，對我而言，是一大挑戰。

這八個小朋友，原本都是愛下棋的，但是，有沒有愛到要放棄生活裡的其他部分，完全投入在圍棋世界裡，我想不見得。圍棋的世界，尤其對小朋友來說，是很枯燥的，每天要不斷面對勝負，也不是每個小朋友都能夠承受得住。家長出於自己的期望，讓小朋友放棄原本的生活，來到這個環境，我相信對小朋友而言，是很大的生活衝擊。所以我都會跟他們說：「老師對你們比賽的要求不高，能拿到冠軍當然很開心，但是如果全敗了，沒有拿到好成績，老師也不會怪你們。只要自己盡了全力去下，輸了也是一個學習的機會，回來我們一起好好研究，這盤棋是輸給自己還是對手，把這個搞清楚就好。」我對待他們，看重的是他們是否對於自己該做的事情負責，勝負則是其次。

說實話，這些孩子，有幾個剛來的時候是很臭屁、很沒有禮貌的「小屁孩」。當然，在圍棋這個領域，以他們的年紀而論，他們是最頂尖的沒錯，可是那沒什麼了不起的。當他們得意忘形的時候，我常常馬上一盆冷水就澆下去，不是用負面的言語去刺傷他們，但是我會試著用實例去告訴他們，世界很大，他們的經歷還不夠，應該保持謙虛的態度。

有時候，小朋友真的很皮，我有一根打手心的竹條，他們一開始當然完全不能接受我用打手心當作處罰，爭執了好幾天。有一天我跟他們說：「你們知道老師為什麼要打你們嗎？」他們當然知道，卻仍不服氣。於是，我就順勢講起圍棋界到現在都還很有名的一位明星，李世乭，他是韓國人，從二〇〇二年到二〇一二年拿了很多世界冠軍。

我告訴小朋友，我十二歲的時候第一次去韓國，就看到一個像瘦皮猴一樣的小男生，在圍棋道場權道場裡跳跳跳，後面有個圍棋老師拿著根很粗很粗的棍子，追著他打，那棍子很長也很粗，一下就打到那隻小猴子，「啪」的一聲，他痛得哇哇叫，滿場飛。那個瘦皮猴就是後來的世界冠軍，李世乭，當時他才九歲。那個名字過兩年後，就開始出現在世界圍棋的比賽場上。他一出現，就是一顆閃耀的新星，有很好的表現，並且很快就稱霸世界長達十年的時間，只要有他出賽，拿冠軍的機率超過百分之五十。

李世乭是被打出來的。他是一個非常非常聰明的人，學什麼都很快，最大的缺點就是投機取巧。我十二歲那年看到他在權道場裡被打，打他的人正是權道場的主持人權老師，道場每天都會給他們圍棋功課，比方做二十題死活題，道場裡的小朋友都會自己做，會就會，不會就空著，或是填一個可能的答案，做錯了也只是會有些很輕微的處罰。

李世乭卻總是唱反調，他實在太聰明了，又貪玩，所以，他時常都是用抄別人答案的方式交功課，有時候翻書抄課本，有時候抄同學的答案，有時候就隨便寫寫。老師一再告誡他一定要自己寫，不然會加倍處罰，但是李世乭依然故我。我撞見的那一次，就是他又被老師抓到偷抄作業，問他還不承認，旁邊的同學一起出賣他，直接告訴老師他抄的是哪本書，老師氣極了，追著他打了十幾分鐘，還把他拎到牆邊去罰站。

我跟海峰棋院的小朋友們說，李世乭這個小孩，跟他們一樣很聰明，但是他會有現在的成就，是因為有過這樣嚴格的訓練過程，才造就他今天的地位，天才沒有什麼好臭屁的。學圍棋的路上，太多有潛力的種子棋士，都是敗在驕傲的態度。我認為學會謙卑地看待任何事情，比起學棋，重要多了。

# 一視同仁，才能取得信任

## 淘汰小朋友，顧全大局

八個小朋友，每個家長雖然個性都不一樣，但是大家都有一個共通點，以自己的小孩利益為優先考量。當小朋友的成績出現高低之分後，高分群的家長會想要更多學習資源，低分群的家長就會抱怨資源分配不公平。比起小朋友，家長一定是更「自私」的，他們希望自己的孩子擁有最好的對待，這樣的心態時常會讓他們顧不得也想不到管理的人也有其難處。

想都沒有想過的問題一個接著一個，不斷有新的狀況發生，我就被迫著趕快想辦法解決，家長護子心切，很多時候，今天問題一發生，我隔天就必須有所反應，不然家長就會產生質疑的聲音。要在短促的時間內做出妥善的處理，處理這些與圍棋本身無關的事務，壓力遠遠大過我的想像。

第一批的小棋士，其實原本有九位，裡面最小的一個八歲的小朋友，他的棋其實很不錯，但是其它方面就很明顯的不適應。這個不適應，來自於他原本的生活習慣。獨生子，家裡環境很好，基本上任何的需求只要張嘴就好了，這是現代很多家庭都有的問題。這個小朋友，不管是吃飯還是生活大小事，都沒有自理的能力，要他自己拿起筷子吃飯，他竟然沒有辦法，也許是家裡給的保護太多，讓他無法獨立。

訓練進入第三個月後，這個小朋友就受不了，決定退出。不是他的棋力跟不上，而是他的生活方面，以及和同學之間的相處，讓他覺得無法適應。雖然他是最小的，但其他九歲、十歲的孩子，無論在生活自理方面，還是人際溝通方面，就比他成熟非常多，甚至做錯事的時候，當我管教他們，要他們改進，其他的孩子都接受，唯獨這個小朋友，總是立刻紅了眼睛，開始哭了起來，而且，事後也還是會繼續犯同樣的錯，總之，同樣的狀況一再發生，哭變成他慣用的武器。

能夠參與這個計劃，一開始，家長們都非常開心，所以也都會跟我說，隨便我怎麼管教都可以，只要小孩能乖乖學棋。可是，這個孩子的狀況一而再、再而三發生，家長就會開始覺得我們是不是在針對個人，故意挑這個孩子的毛病。事實上，我對九個小朋友一視同仁，其他八個人能夠接受，為什麼這個孩子不行呢？我和家長談了好幾次，但是家長也一樣無法接受，他們覺得問題是出在我身上，他的孩子是最小的，我理所當然應該要更關愛他。但是，站在我的立場，如果我每天都給這個小朋友特別的待遇和照顧，另外八個小朋友也會不平衡，這是個兩難的課題。

我一直都很努力去跟那位家長溝通，但他還是堅持自己的孩子必須獲得特殊的待遇。最後，那個家長帶著滿滿的負面情緒，讓小朋友退出培育計畫。

從處理這個孩子的事件上，多少心裡有點遺憾，但我認為堅持一視同仁的態度是正確的，唯有秉持公平的立場，才能管理好一個團體，讓成員信服。

培養孩子的生活常規也是一大挑戰，我發現苦口婆心對小朋友一點也不管用，最好的方法，就是做給他們看，身體力行、以身作則。比方說，我要求他們下午離開棋院的時候，要把上課的研究室整理好，恢復成早上剛來上課時的樣子，他們一開始都無法理解為什麼要這樣做，為什麼要這麼麻煩。講呀、罵呀都沒有用，他們都不聽，後來，我就自己做，每天五點半下課，我就親自做給他們看，很嚴謹地把桌椅排得有條不紊。他們覺得我很奇怪，為什麼要這麼堅持，可是，他們漸漸也發現，把空間整理好是很舒服的事情，慢慢地，他們跟著我一起回復桌椅的位置。

又好比跟棋院裡的老師、職員打招呼這件事，一開始他們都不太搭理，包括我，他們有時候還會裝作沒看見，不打招呼。我一樣是做給他們看，我的老師來到棋院、其他職業棋士來給他們上課，我看到了，我就主動說老師早、老師好，他們看多了，覺得連老師都這樣做了，自然就願意跟著做。

接下這個工作之前，我以為最難的困境是讓小朋友在棋力方面達到目標的進步，後來才發現，培養他們的生活態度才是難上加難的任務。讓這八個小朋友除了棋藝進步，培養正確的生活常規，是我的一大挑戰。

# 從「被給予」轉換到「給予」，收穫其實更多

## 沒人要做的總教練，我做得津津有味

二〇一四年四月，中華職協又開始徵選第二批的小棋士，原來八位小朋友有些升級為職業棋士，有些因為私人因素離開，加上新選進來的，第二年總共有十位小朋友，工作量和壓力又會再增加。但是，這批種子棋士作為一股衝擊的新力量，效果已經出現，現在，臺灣棋院院生裡排名前四名的，全部都是我們這批小棋士包辦，而其他幾位小棋士也不斷在進步，已經帶給其他排名五、六、七、八的人一些威脅感。我們希望創造的那種動起來、花心思去努力的效果，可以說是階段性達成。

然而，一樣的問題再度出現，沒有人願意出任總教練。很多人都勸我說，無論是犧牲還是奉獻，這種事情還是做一年就好，我還是應該要回歸比賽的生活比較有利。問了幾個人選都落空，尤其大家都看到我這一年的經歷，不單單是成績下滑，還有很多原本想像不到的辛苦都浮現出來，這下就更沒有人願意做。媽媽也勸我應該要休息，她看到我不只是週一到週五的付出，週末在家，為了這些小朋友，我還要花很多時間去做準備，她認為無論我是否繼續比賽，都應該要休息一下。

職協問我願不願意繼續接，猶豫了一下，我還是覺得不能夠把這件事就此放下。這是個責任，我不想要辜負小棋士的期待，便又欣然接下總教練的職務。即使犧牲很大、失去很多，我心裡深知，我自己還是獲得很多！

因為我從小到大都是「被給予者」，小的時候，是爸爸媽媽在給予、在照顧，後來開始學圍棋之後，很多老師、長輩都對我很好，我又是那個年代年紀最小的職業棋士，一路走來，整個臺灣圍棋界都不斷在照顧我，我就是那個一直在享受的人，都是別人在幫我忙。一直都在當那個被給予者，固然很幸福，可是，這樣的人生好像少了很多體會和不一樣的經驗。

這一年來，我換個角度思考，試著成為給予者，我做了很多從來沒有接觸過的事情，做了之後，我才明白原來我小時候得到的是那麼多。小時候可能會覺得，長輩對我這樣、對我那樣，都是應該的，當我反過來幫小朋友處理一些事情的時候，才明白那不但不是理所當然，自己給別人帶來的麻煩可真不少。

聽到小朋友說的一些話，無論是對我說，還是他們自己在聊天，我會想到自己以前也說過類似的話，才赫然明白自己以前好不懂事，好自以為是，尤其小朋友有時候對行政人員講話，真是直接又傷人，當然童言無忌，但是聽起來真的挺讓人難受的。他們讓我想起以前的自己，讓我有了機會再一次去修正自己，這種收穫是無法用錢去衡量。

沒有真正去體會過這些，沒有真正的付出過，其實很難體會別人對自己是多麼好。現在很多的小孩欠缺同理心，我想就是因為，他們都是一直在被給予、在受的那個人，被保護得太好，很多人不只是現在沒有付出過，很可能一輩子都不需要特別去付出什麼，對於一個一輩子都在享受的人來說，你跟他們談感恩、回饋，他們怎麼會有什麼感受。

套句連續劇裡的名言，「我回不去了。」一旦脫離了那種全心全意拼成績的高壓環境，任何人都很難再逼迫自己回到那樣痛苦的生活模式裡。或許這是老天爺最好的安排。本來，我就已經不在圍棋的黃金年齡上了，只是沒打算那麼早要走下來，不過，一旦走下來，我就沒有打算要走回頭路，而是要以現在這樣的路線，繼續好好走下去。接下來，我希望能夠因為我的努力，培養出臺灣圍棋界的另一個世界冠軍！

長遠來說，我和我太太有一個夢，就是要成立一個基金會。這是承襲應公公給我們的影響，我和我太太都蒙受他許多恩惠，他為臺灣圍棋界出錢出力，幫助許多圍棋界的小朋友。後來，許多企業界的老闆們也開始贊助，但主要都是將資金投注在職業圍棋的項目上。如果有那麼一天，我和我太太真的有能力了，我們希望創立一個完全不收費的基金會，有一個很大的空間，用幾乎全年無休的模式，讓所有喜歡下棋的小朋友盡情來下，我們還要請不同程度的老師來駐守，讓不管什麼程度的棋友都可以獲得適當的指導。

我很慶幸自己接下這個工作，勇於去做別人不看好的決定，因為其中的收穫，我自己最清楚，失去的也不少，但心裡那份踏實感，是實現自己最好的證明。

# 不隨波逐流，路愈走愈長

## 李昌鎬的堅持，取得勝利的鐵證

有很長一段時間，稱霸整個圍棋界的是韓國的知名棋士李昌鎬，我們都說他的棋是「鐵龜棋」，非常厚、非常慢，沒有任何華麗的招式，但是他的優勢就是沒有人可以一拳把他擊倒。任何人跟他下棋，永遠都有一種不踏實的感覺，他總是緊緊跟在你後頭，慢你一步、兩步，你覺得自己好像佔上風，覺得自己好像沒什麼破綻，但其實不然。不過更絕妙的是，就算對手有疏忽，李昌鎬也不會抓著弱點猛攻，只要他覺得其中有十分之一的機率會招致自己的失敗，他可能就不會出手，非常穩、非常謹慎，正常人看到有七、八成贏面可能就會放手一搏，但是他就是非常沉著。這種下棋法，把戰線拖到最後，他的贏面就很大，雖然往往只是半目之勝，但就是沒有人能贏得了他。

在李昌鎬出現之前，臺灣的圍棋界幾乎都是跟著日本的腳步發展，日式的圍棋文化，重視的是前面的布局，和死活的攻殺，日本在這兩塊發展得非常強，傳到中國、韓國和臺灣，我們就是一直跟在後面學習、模仿。李昌鎬的出現，簡言之，就是將圍棋化繁為簡、返璞歸真，把勝負拖到最後。過去大家對圍棋的本質可能沒有那樣深入鑽研，將重心放在布局和中盤，而李昌鎬的棋法不但把大家修理得很慘，也為國際圍棋界帶來很大的震撼，讓大家再一次認真研究最後的收官能力。

李昌鎬在圍棋界掀起的幾乎可以算是一種革命了。他走了一條日本圍棋前輩瞧不起的路，日式的圍棋講究華麗、激情，甚至是有些表演的意味在內，但是，李昌鎬就是堅持走他自己的路，慢一點有什麼關係？吃虧一點有什麼關係？醜有什麼關係？將戰線延到最後，勝利還是非他莫屬。我曾經開玩笑地說，李昌鎬就像我們傳統農業社會裡的牛，很務實，一步一腳印，很慢、很不起眼，但是他始終很穩定踏實地往前走，並且走向勝利的道路。

一九九五年，我第一次參加世界賽，抽到的對手就是李昌鎬，比賽結果當然很慘。後來，我總共遇過他四次，四次都輸，我是在他人生最巔峰的時候遇上他的，雖然輸棋，我依然很開心，每一次都從他的身上學到很多下棋的哲理。

因為李昌鎬，圍棋界才有長久以來的創新改革。在他逐漸退位以後，不只是沒有稱霸這麼長時間的絕對強者，也沒有其它創新的動力了。網路資訊充斥我們的生活，小朋友學習進步的速度非常快，任何一個強者能夠稱霸超過一年，就已經很了不起。強者一旦冒出頭來，大家就會關注他、研究他，自然很快便會拆解出他下棋的優、缺點，被看穿之後想要繼續稱霸就不容易了。也就是說，圍棋界要再出現一個李昌鎬，很難，因為時代的背景已經不一樣了。

或者應該說，圍棋界的現況，已經沒有所謂最厲害的人。以中國為例，他們拿下許多世界冠軍，但是呢，對他們而言，拿下世界冠軍很容易，反而是要拿個國內冠軍以爭取出國比賽的名額，卻很難。因為一場世界賽配到中國的參賽名額最多可能十來個，但是中國的一到五十名可能實力是同等的，就算是五十一到兩百名也不見得比前五十名差多少，有時候勝負根本不是實力問題，只是臨場的狀態，可能前一天晚上沒睡好，就這樣輸棋。

現在的強者，每個人都有每個人的特質和優勢，大家對棋型也瞭若指掌，棋士們常常自嘲，十九路的棋盤已經被研究得差不多了，變化當然還是很多，但是大致能夠掌握的棋型，基本上都很熟悉。

這也是另一個現在小朋友進步神速的原因，他們不需要經過摸索，就可以直接淘汰掉不好的棋型。快速發展的優點是能夠直線前進、快速成長，但是相對來說，缺點就是他們會遺漏掉很多下棋有趣的探險過程。世界的環境逐漸變成只有輸贏的勝負場，贏者全拿，以個人或是家長的立場來說，小朋友快速變強當然最重要，只是，下棋的過程、文化和真正有趣的精髓就被犧牲掉了。難就難在，世界的腳步已經如此，如果不跟著走，被淘汰的危機就會如影隨形。該怎麼取捨，變成是自己的修為選擇，也是我常掛在嘴邊的「決定的重要」。

## 痛過、失敗過，才能漸近最終的美好

### 小棋士們的發展趨勢

拜科技和網路所賜，現在的資訊豐富且流傳迅速，小棋士接受的訓練確實比以前有效率很多。在我學棋的那個年代，採取的則是土法煉鋼的方式，死背硬背、研讀棋譜，自己摸索的時間很長，進步比較緩慢。二十多年前，圍棋力最強的是日本，我們就會把日本的名棋士當作神一樣崇拜，而神下出來的棋當然是完美的。儘管當地的一盤棋流傳到臺灣最快也要半年，但我們總是如獲至寶一樣，光是研究還嫌不夠，乾脆就把每一盤棋背進腦子裡，把神的棋譜內化成自己的，是我們覺得能夠自我提升棋力的最好方法。

反觀現在訓練種子棋士的方法，就是下棋和詰棋。下棋就是不斷的實戰演練，需要有厲害的老師協助「覆盤」，一步一步去重現、解說棋局裡雙方的每一種計算，錯誤和高明之處，還有其他可能的發展等等；而詰棋有點像是珠算這種數學題目，目的在提升棋士的計算能力，讓他們在推演棋局時能夠更快更準，遇到了比賽限時短的狀況，就能有更好的表現。

事實上，現在的國際賽事時限也的確愈來愈短。以前一盤重要的棋局可以下到兩天，甚至，在那個神的年代裡，有名士花了四、五個小時才下一步，記者問起當時這一步為什麼花了這麼久的時間，他們會說自己已經將整盤棋的變化都算完了。這不只是千萬種的變化，這更是驚人的專注力。事實更證明，往往這種狀況下的一出手，對方就會被殺個片甲不留。現代小棋士的計算速度也許比起過往更快，但是因為國際賽事往往只有二、三個小時，儘管快速，棋士會犯的錯誤也跟著變多，因為沒有時間讓他們全面、周延地思索。

然而，時代的氛圍就是已經不同，圍棋界的現況同樣有巨大的變化。過去是大批的媒體等在比賽現場，跟著棋士一起屏氣凝神，現在則是媒體催著比賽往前跑，趕快結束才能趕上截稿時間。這樣的變化，不只是對圍棋的發展，對許多產業，包括媒體本身，都不是好事，好的事情仍舊需要時間醞釀。

過去我需要花十年時間才能做到的程度，新一代的棋士也許只需要五年、甚至是三年，就可以衝到我的技術高度和成就。然而，吸收資訊快、比賽速度快、成長與成功也快，甚至，在他們心中也不一定有自己的「神」存在，因為那些傳說中的高手，很有可能早就在網路上跟他們交手過。也或許是因為倍受呵護的他們，除了棋賽之外不再經歷那麼多的人生輸贏，又或者因為他們的成功來得更快且相對容易。總之，當失敗來襲的時候，他們的承受能力、恢復能力，明顯就比較沒有彈性。

很微妙的是家長在這其中扮演的角色。二十多年前的圍棋排名是日中韓台，後來變成韓中日台，這幾年已經穩穩的變成了中韓日台。韓國為了迎頭趕上中國的技術高度，在二〇一三年成立國家隊，選拔十八歲以下的潛力棋士，凡事沒有在就學的，週一至週五一律必須到國家隊上報到，集中訓練。無論如何，為什麼曾經一度是領袖地位的日本竟然一落千丈呢？答案在於「家長捨不得孩子太辛苦」。

日本社會同樣苦於少子化，一個家庭裡好不容易有了一個寶貝，用盡一切投資栽培的源頭，是心裡的那份寵愛。許多學習圍棋的家庭其實都環境優渥，他們深知圍棋可以對孩子的發展有所提升，但一旦孩子遭遇是否要以此為當成職業的關卡時，家長往往覺得職業選手的生活太苦了，而且要經歷太多輸贏伴隨的心情起伏、犧牲承受。因此，有能力的家長這時候便會覺得，還是唸書就好。

我們都知道，生命裡面的挫折真的很痛，比賽輸了、失戀、失業，真的很痛，但是如果不是自己親身經歷、體悟，旁人很難用三言兩語去提醒。我認為學圍棋很棒的一點就是，為現代孩子過於順遂的生活，增加一些無傷大雅的勝負練習，培養孩子面對挫折的能力。但我卻發現，不只是日本，在臺灣，愈來愈多家長捨不得孩子去遭遇這些勝負，而選擇讓孩子持續在安穩的環境中成長，放棄圍棋。

然而，即便就只是分勝負，人生的勝負很多時候也不是那樣單純一瞬間的結果，圍棋十訣裡的「不得貪勝」值得玩味之處，就在於我們必須先超越勝負，甚至，我們都應該先擁抱過失敗，才有可能獲取最終的美好。

# 品德教育擺第一

## 速成的圍棋，早夭的棋士

我在中國的好朋友，因為還想要繼續專心比賽幾年，本來並無意收徒弟。就有這麼一個想要學棋的孩子，無論如何都一直請托我朋友收他為徒。

那位小朋友的爸爸突如其來就問我朋友：「老師，你缺什麼？」我朋友當下沒反應過來，就隨便說了些生活上正在思考的物件，想不到，隔天這位爸爸就把這些東西全部買好送上門，我朋友問他：「你為什麼要這樣做？」家長回答：「因為我有能力啊！你喜歡什麼儘管說，只要你願意教我兒子，什麼都沒問題，你要什麼我都可以給你，錢不是問題。」除此之外，家長還開出了非常豐厚的固定酬勞，在龐大的誘惑之下，我的朋友改變了初衷，收了這個學生。

這個小朋友本來可能是對圍棋有興趣的，但未必想要拼職業資格，但是爸爸太有錢了，因為有龐大的身家，讓爸爸深信兒子要做什麼就要做最好，要學棋就要去北京，找老師就要找同鄉最好的，如果我朋友不教，他們就不學。這麼一個決絕的情況題裡，大人的考量，有多少是站在小朋友的立場想，很難說。

從圍棋界的現況來看，現在崛起的這一代棋士，棋都非常好，甚至可以說，非常快速地就好過我們這些前輩了，但是，很可惜的是，其他在做人處事方面，他們實在非常欠周延，有的時候，甚至到了讓人覺得囂張跋扈、不可一世的程度。快速的成功，可能讓他們覺得自己不需要在意任何其他人，因為他們正站在高峰上。

然而，儘管職業棋士的生命比起體育選手更長，但是，「世界冠軍」的光環畢竟只是一時的，而環境的變遷只會愈來愈快，尤其過往的世界冠軍非常難拿，價值和地位都比現在更為崇高。棋壇是一個固定的圈子，將前輩、同輩、相關的工作人員都得罪光了，當勝利的光環褪去，自己不再是當紅炸子雞了，這樣的職業棋士就會漸漸發現事情不一樣，為什麼大家的態度變了？為什麼我不能再像以前那樣為所欲為？他們之後的發展其實已經很令人憂慮。

中國小棋士之所以進步速度愈來愈快，而臺灣和日本與他們的差距愈拉愈大，是因為中國的訓練模式可以說完全把小棋士當作是機器人一般在訓練。其實不只是圍棋，像是他們很強的一些體育項目如桌球可以做到世界之最，但那真的純粹只是技術面向上的訓練，他們幾乎完全忽略其他教育的養成，特別是與「人」有關的一切，都被徹底拋開。速成，然後只看勝負，其他什麼都不重要。但是，這樣就會讓很多小朋友跳過了很多人生必須學習的東西。

無論是臺灣、中國還是韓國、日本，我這一代的棋士多半是苦出來的，我們這一代學棋是因為我們的老師秉著傳承的心在教我們，他們看的是學生本身有沒有希望、受不受教，比方說我，我的老師看見我是真的很喜歡下棋，也有資質，所以把他們的資源、他們所知道的所有事情都教導給我。但是很慚愧的是，苦出來的我們開始教棋之後，看的卻多半是錢，這個孩子家裡很有錢，為了要把他搶來當自己的學生，要好好巴結他，於是說出來的話、做出來的事情，都是違心之論，一點都不輸連續劇上演的戲碼。

所幸是中國目前已經開始警覺到這個問題，同樣也是在二〇一三年，一群五十歲世代的領導跳出來，呼籲改變這樣純技術的訓練，返璞歸真。圍棋是一輩子的事業，圍棋的精髓也不只在技術，包括了人格發展的品德教育，這是無論如何都不能省的。放棄這些重要的事情，也許會更快獲取成功，但是那個成功只會非常短暫地停留在生命裡，在那之後才想要再去追回自己失去的、沒能學會的做人處事，就已經來不及了。

而我能做的，就是從我目前親自在訓練的十個小朋友身上，盡可能地教他們，在他們還像泥巴一樣可以被捏塑的時候，不只是圍棋，還有我這一路從圍棋上學到的人生，用我所知道的比較好的方式，我要毫無保留地教給他們。

○ ● ○ Chapter / 3

# 經歷錯誤，跑向人生勝利組。

# 自主需要不斷練習，達成自律

## 人生第一次的叛逆

我十四歲當上職業棋士，十五歲就拿到第一個臺灣的職業冠軍，還代表臺灣出國去參加世界賽。從十五歲開始，我在圍棋界的發展就一帆風順，參加比賽總是能取得勝利。因為有這樣的表現，過去對我極度嚴格的爸爸漸漸放心，開始覺得也許可以讓我學習自主，同意我去讀高中。

高中的時候，我念了板橋的光華商職，那時候，私立的商職不需要考試，只要繳學費就可以入學。因為要讓半工半讀的學生方便上課，光華商職有分日間部、夜間部，它很特別的地方是日間部的學生很多都是二度就學的媽媽，晚上才會是一般學齡、但白天必須工作的學生。讀國中的時候，我就已經全心全力都投入在圍棋的世界裡，參加聯考鐵定只有落榜的份，所以爸媽就幫我選擇這樣的職校。而這段職校的求學生活，意外成為我的成長過程中，最最快樂的一段時光。

入學之後，很快的，我就認識了一些「新」的朋友，不再只是談論圍棋的朋友。我上的是日校，班上五、六十個學生，大部分都是年齡大我很大一截的媽媽，只有少數六個是和我差不多年紀的同學，分別是三個男生、三個女生。這是我長這麼大以來，第一次，有機會和圍棋世界以外的人做朋友。

現在回想起那段時光，當時那種開心的感覺，還是很強烈。我開始可以像一般高中生一樣，每天規律地上課，生活不再只有圍棋，和圍棋以外的世界產生交集。每天上課時間差不多是九點到十二點，我選讀的是商用日文科，這本來就是我有興趣的課程，所以上課的時候我也樂在其中。十二點下課鐘響，媽媽同學們紛紛回家裡忙家事，我們幾個年輕人很自然就走在一起，大家毫無顧忌的聊起彼此的事，我們常常一起出去玩，吃飯、看電影、打保齡球、打電動，這些對於一般的高中生而言，可能都是非常普通的休閒活動，但是，對我而言，卻是人生的初體驗。第一次，我覺得人生原來可以過得這麼輕鬆。

除了需要比賽的時間，我就像個普通學生一樣，下課了就和年輕同學一起出去玩，每天幾乎都混到傍晚才回家。其中有個女同學，大概是朝夕相處吧，我們漸漸對彼此有了曖昧的感覺，雖然也稱不上正式交往，但是我們開始會單獨出去，關係愈來愈好，我甚至也會帶她去參加圍棋的活動，讓她參與我的生活。我的爸媽也看過這個女生，圍棋界的一些長輩也知道她，起初大家都樂見其成，覺得年輕男女交往很正常，畢竟我已經十六歲了，建立自己的交友圈也是無可厚非。

和這個女同學相處真的很開心，漸漸地，我變得每天都渴望和她一起出去玩，遇到需要練習下棋的時候，也常常人在棋盤前，心不在焉。日子一久，棋藝一落千丈。就這樣，在高一上學期都還沒到期末的時候，出乎所有人的意料，我輸了一個重要的比賽。那是臺灣中環集團舉辦的中環盃，這個比賽的賽程拉得比較長，和上學的時間時常衝突。比賽剛開始的時候，我還下得很順，可是，愈到比賽的後半段，就愈不對勁。缺乏練習，荒廢了棋藝是一回事，最重要的是，我的心整個分散了。儘管中環盃的賽程中間有許多空檔，我也沒有抓緊時間練棋，還是很快樂地在過我的「高中生活」。一路吃力地下到冠亞軍賽，那盤棋不但下得一蹋糊塗，而且很快就輸了。

雖然還是會碰圍棋，但說真的，為了學校的事，我浪費了很多練棋的時間。

大家都覺得我彷彿變了一個人，因為那盤棋的內容完全不是我的水準，用圍棋的術語來說，就是「棋感生疏」了。就像打球有球感、技藝有手感，下棋也有棋感，每天專心在棋上的頂尖棋士們，對於棋的感覺是非常敏銳的，對手擺什麼棋出來，我們都能很快就看出其中的要點瑕疵。靠著過去的努力，平時的小比賽混也還混得過去，那段時間其實就已經會偶爾輸掉一、兩盤棋，但心野了，根本沒放在心上、不知警惕，一直到輸掉那個比賽。

周圍的人都驚覺我的表現失常、怪怪的，尤其是我的爸爸。

輸棋當天一回家，我、爸爸、媽媽就開了一場家庭會議，因為我不只是輸棋，而是心思都不在圍棋上了。爸爸本來覺得我都已經可以自己去北京受訓、開始有不錯的成績，他不想再用管小小孩的方式要求我，他甚至相信我可以用我自己決定的訓練方式提升棋藝。可是，經過這場比賽之後，他認為我還沒有可以自律到他期望的那種程度。所以，爸爸不但當下就決定要我休學，還非常強硬的要求我和那個女同學斷絕往來。

其實，當時的我，並不覺得有爸爸說的那麼嚴重，一心相信輸掉那盤棋，只是運氣不好，只是偶發性的錯誤。即使失敗已經來到眼前，心已經散了的我，還是沒有覺悟。總之，在我非常不情願的狀態下，高一上學期都還沒有念完，我就辦了休學。但是，我不死心，還想要跟爸爸商量，不繼續上學沒關係，但是，可不可以在我閒暇的時候，繼續和那個女同學往來呢？或者，在那個手機還不普及、聯絡還沒那麼方便的年代，繼續通信可以吧？

「不行。」爸爸的決定毫無餘地，他認為，我繼續和那個女同學往來不但對自己沒好處，對對方也是一種傷害。

# 將眼光放遠，眼前的歡愉就會縮小

## 為了圍棋捨棄戀情的決定

因為那個女同學，我還持續和爸爸對抗了很久，本來爸爸要我當著他的面去和女同學說清楚，但我硬是拖了幾天，心裡充滿不捨、痛苦和憤憤不平。爸爸非常堅持，他說：「你現在棋下不好，是因為你心不在棋，心裡充滿了雜念。」掙扎了一個月，我最後只能跟女同學說抱歉，儘管當時的我很喜歡她，也很想要跟她繼續維持友好的關係，但是，我們最好連朋友都不要繼續做，因為我的職業、我現階段的人生規劃，不適合進入一段感情。

我相信，對方聽到我這麼說一定很錯愕，雖然她應該也知道我輸了一個重要的比賽，心裡不好受，但是，這麼決絕的斷交確實令人難以接受吧。

那是我這輩子第一次，有了想要和爸爸正面衝突的念頭。小時候遭受的種種，我都只是在心裡暗暗罵著，但是我沒有叛逆過，一直都是非常壓抑著，然後非常順從爸爸。但是，在那天那次家庭會議上，我感覺自己已經到了一個臨界點，好多話都已經快要爆發出來。不過，最終，我還是把話都吞回心裡。

因為，我也有自己的掙扎。理想上，我希望可以保有白天正常的生活，下課後，再回家加緊練習。我不是不再重視圍棋，我也很明白圍棋對我的人生來說有多麼重要，但是我真的還捨不下快樂的生活。媽媽是尊重我的，她覺得十六歲已經是個必須學會掌握自己人生的年紀；爸爸是堅持的，他認為我不可能兩者兼顧，而兩邊比較起來，當然是圍棋重要。我最後還是選擇了忍耐，是因為我的內心深處也知道，對，圍棋是最重要的。

我從小到大都是非常專注在圍棋上，從來沒有把心放在別的事情，這幾個月的生活讓我第一次覺得，原來這個世界這麼好玩！但是，說起來很殘酷的事實就是，下棋的人，需要高度的專注跟集中力。從九歲開始，我犧牲了生活中的一切，沒有朋友、沒有娛樂，嚴格說起來好像也不算有生活，換得到十六歲看起來好像在臺灣沒有什麼對手，是很厲害的一把交椅，可是，在整個圍棋的世界裡，我，還是很渺小。

這次事件過後，我又回到以前那樣半個和尚的生活。坦白說，開始的時候，我還是很懷念那種有同儕一起學習、一起生活的日子。在我學棋的過程中，因為臺灣家長看重讀書勝過其他方面的發展，很多優秀的小棋士走著走著就面臨岔路，家境許可的，就被送往中國、日本進修，而和我一樣家境比較差的，就被迫放棄圍棋的天賦，轉而念書求生活。所以我在十一歲時，赫然發現身邊沒有夥伴了。就算很快有一批比我小的棋士出現，到了我十三、四歲的時候，同樣的問題又會再度出現。也就是說，從十一歲到十六歲這段期間，不要說下棋了，我在臺灣連聊天的對象都沒有。說孤單，真的很孤單吧。

而爸爸又恢復了過往那種非常嚴格的訓練方式，他希望我可以把心收回來，不要過得放鬆。他會帶我去爬山，去郊外走一走，這是他讓我多去接觸外面的方法，因為他覺得我太拘泥於眼前的東西，所以我沒辦法很快跳脫出留戀的事情。我自己則是花更多的時間在棋身上，不只是下棋，有的時候，只是坐在棋盤前，不一定要做什麼，盯著棋發呆、放空，讓潛意識自己去運作一些和棋有關的事。

心收回來之後，隔年在世界賽的成績立刻就有所展現。十五歲那年，雖然我是臺灣第一，但是到了世界賽幾乎都是下第一盤就輸了，十六歲的事件之後，嚴格的自我訓練，沒有退路的心境，讓我在十七歲時，第一次贏了日本職業九段的棋士，我是臺灣第一個做到的人。接著，十八歲，我就開始進入世界賽的前八強。

十六歲的校園生活，可以說是我在圍棋的路上，遭遇的最大危機。在那之後，也許是因為我真的長大了，所以面對誘惑，都能夠自我掌握有分寸。儘管捨不得，十六歲的我還是捨棄了眼前的快樂。以結果論來看，這個決定是正確的，不然，今天的我，可能仍然就只是一個默默無名的普通棋士，但是我心裡留有遺憾的，因為那段時光，過去了，就不會再有了。

# 失去理智愛一個人，可以看清自己想要的愛情

## 難以捉摸的假面情人

我二十歲時去上海下應氏盃，這個比賽的正式名稱是應氏盃世界職業圍棋錦標賽，是由應昌期圍棋教育基金會（應氏基金會）出資，於一九八八年首創的圍棋賽事。在基金會成立幾年後，應公公就決定要辦全世界第一個圍棋的國際大賽，從一九八八年開始、四年一屆的賽期，就可以看出應公公的心意，是要把應氏盃塑造成「圍棋世界的奧運」。

可惜的是，應公公要辦世界賽的消息最早傳出後，被日本棋院知道了，他

們就趕緊找來當時還非常強大的富士通公司贊助，硬是在應公公原定賽期的五月之前一個月，四月舉辦了富士通盃。不過，雖然沒能成為第一個世界賽，但富士通盃如今已經停賽，但應氏盃不但仍在舉行，且冠軍獎金仍然是全世界最高的，有四十萬美金（一千多萬台幣）之多。可以說，托應公公的福，早期臺灣職業棋士的生活可以過得十分優渥。而應公公在我的職業生涯裡也扮演了很重要的角色，因為他的幫助和提攜，我才有後來的際遇。儘管他已經離開人世了，我一直都十分感念他。

二〇〇〇年第四屆的應氏盃，我去參加了，因緣際會結識一個在基金會工作的女生，她是從別的公司借調來的特別助理。我在上海人生地不熟，加上年齡相仿，所以在上海比賽的時候，就會拜託她幫忙處理很多事情，她對我也很好，總是能夠很快速幫我解決問題，久而久之，我們也就開始愈來愈熟悉，也愈來愈有話聊。

她是一個很渴望知道外面世界的女生。她的生活裡會接觸到的人，大部分都是比她年長很多、土生土長的當地人，所以，她很喜歡問我世界各地的事情，我也能給她不一樣的資訊。我覺得她有很積極的一面，嚮往成功、嚮往走向更大的世界。

後來我們很自然地慢慢演變成像是半個男女朋友那樣的關係，因為學棋，我時常臺灣、北京之間奔波，常常為了能跟這個女生見面而特地繞去上海，我們能夠相處的時間很少很少，但是見面的時間都很愉快。我曾經為了「爭取」和她多一點的相處時間，撒謊騙媽媽說我在北京受訓，其實人卻已經跑到上海。

她不想要太早被人知道我們倆的關係，所以有時候到上海找她，白天她在上班，我為了擔心造成她的困擾，儘量不出現在她的工作場合附近，以免被熟識的人撞見，我就只好躲在飯店裡，出外時都會早早叫好車，一出飯店門就衝上車，那時候我都戲稱自己是被她「金屋藏嬌」，還覺得挺有趣的，不以為意，甜蜜的愛情讓我沖昏了頭。等她下班，我們就一起去上海外灘散步，即使每天重複一樣的事情，也覺得很棒、很快樂。

二〇〇一年的時候，有一次我還特地從臺灣飛去上海找她，停留一個星期，兩個人還興沖沖地跑去杭州玩了幾天。但是，這次快樂的出遊之後，我回到臺灣，我再聯絡她，她的態度就一夜丕變，我完全不知道為什麼，她也沒有任何解釋。她開始不接電話，也不回電，很刻意在疏遠我，但是，心情好的時候，她又會主動聯絡我，忽冷忽熱，搞得我一顆心懸在空中，患得患失。

這樣詭異的相處情形維持了半年，我又因為比賽的緣故去到上海，我特意請她跟公司告假幾天陪我到處走走，她也欣然答應。見面之後，第一天我們一如往常，說說笑笑，好像先前半年的時間只是一場夢。到了第二天，她的反應又急速降至冰點，沒有反應，我實在是受不了這種反覆的對待，直接問她說到底是怎麼了，為什麼對我的態度起伏這麼大？面對面逼問之下，她才告訴我實話。

原來她在學生時代就有一個很要好的男朋友，只不過，對方的身份是有婦之夫，她等於是人家的小三。她從一開始就知道自己的身份，男方也非常直接告訴她，他不會離婚，所以他們的關係一直都是忽有忽無的。二〇〇〇年我認識她的時候，正好是那個男生想要保住家庭的時期，於是兩個人走到了最低點，我的出現正好填補這個女生某部分的空缺，但是，即使和我在一起，她的心裡其實還是惦記著那個男人。這一切的一切，我絲毫沒有察覺，當時只是天真地覺得跟她相處的時光很開心。。

得知自己處境的當下，我覺得好震驚，無法言語。將近兩年的時間，這個女生把另外一個人的事情藏得這麼徹底，而且要不是因為我再三逼問，她本來也沒打算讓我知道。她說她本來以為自己可以完全離開那個男人，但是，就在我們杭州出遊結束之後，那個男人又來找她，她也再一次被對方挑起往日美好的回憶，而陷入兩難的處境。於是，對方對她熱的時候，她就對我冷，對方消失的時候，她就來找我。頓時間，我覺得自己好愚蠢，淪落成備胎情人。

那時候心裡還是很喜歡她的我，問她打算接下來怎麼辦？她只拋下了一句「不知道」。我是無法接受她心裡還有別人的，也覺得這種相處模式太奇怪了，我不喜歡人家對我忽冷忽熱，所以，知道實情之後，回到臺灣，雖然重要的節日還是會互相問候，除此之外，我開始對她保持距離了。即使如此，心裡還是惦記著她，想要見到她的慾望還是有，斷斷續續，硬是維持了一段模糊不清的情感關係，直到有一天，我對於這樣不清不楚的關係感到疲倦，決定就此和她斷了聯繫。

到了〇三、〇四年她打算到出國唸書的時候，她忽然很積極找我，要我幫她處理一些事情，一開始是找留學資訊，我就托關係幫她找，接著，在她出發前半年，她打電話來哭著跟我借錢。歐洲對中國的簽證要求高，因為擔心中國學生去到那邊會跳機，所以要求要繳一萬歐元的保證金，她跟家人朋友努力湊了半天，就只有八千歐元，她希望我能資助她剩下的兩千歐元。她第一次開口的時候，我沒答應，她又陸續試了好幾次，我最後還是心軟，匯了兩千歐元過去，心想就當作是朋友之間的相助吧。等到她順利出國之後，我們一年聯絡不到一次，而且，每次幾乎都是她電話來問我：「XX節要到了耶！你要送我什麼？」我也都還會傻傻的滿足她，不過，最後漸漸就再度斷了聯絡。對她，我始終是留有一點淡淡的情感吧！

在愛情中，男生通常是比較主動的一方，有時候一點也不比女生聰明，很多時候都是盲目迷失的，看看時不時爆出男人被妙齡美女騙婚詐財的新聞就知道了，就像我明明愈來愈清楚這個上海女生是在利用我對她的情感，我卻還是願意對她好，蒙蔽自己。

那兩年的時間，我自問犧牲了不少，不管是金錢、時間，還是感情，我都盡力去付出，想不到竟然會落得這種下場，藕斷絲連。經歷過和她的這一段關係之後，我在面對感情的時候，變得比較理智。不管再怎麼喜歡對方，都儘量不再那樣衝動。後來我再認識新的異性，我都比較持保留態度。因為這個女生，我才開始懂得觀察，原來許多女生接近男生，是有目的、有企圖的。這個別人眼中蠢蛋錯誤的決定，也在我不斷受傷之後，起了作用，從這個錯誤中，我時時告訴自己，面對一段關係，還是需要腳步放慢，讓理智與情感並行。

# 感情需要一點順勢而為的膽識

## 太太原本只是「鄭老師」

我和我太太鄭淑卿的緣分，說起來微妙，牽繫了長長的二十多年。我們一直都在彼此身邊，卻是到了最後才真的走在一起，決定攜手走向未來。

太太的老家在台南，她是家裡的老么，上面還有四個哥哥，她的父親和我爸爸有些微妙的相似，都非常熱愛下棋，所以，除了大哥沒有特別學棋之外，其他三個哥哥都是職業棋士，其中，二哥更是知名的旅日棋士王銘琬，也就是作家劉黎兒的先生，三哥鄭銘瑝、四哥鄭銘琦也都在圍棋界很有成就，四哥差不多十年前回到台南，抱著回饋、播種的心，開設了一個圍棋教室，現在也經營得有聲有色，改善了過去圍棋資源都只存在台北市的狀況，我以前家住桃園，為了到台北學棋，只能住在老師家裡，像我這樣的例子很多，為了學棋、舉家搬到台北的大有人在，四哥的圍棋教室讓中南部的小朋友有了另外一個選擇，終於可以在離家近的地方，好好學棋。

哥哥們都學棋了，家裡最小的女兒好像就理所當然也得跟著一起學棋。她十六、七歲時，跟著哥哥一起去日本當院生，這是成為職業棋士前的一段訓練，院生們會一起上課，每年從中選拔出幾個當年的新晉職業棋士。三個哥哥很快也很順利地就入段了，但是，太太在那裡待了七、八年，每次都是到了最關鍵的時候，她過不了自己心裡的關卡，儘管棋力是夠強的，她就是沒有辦法晉級職業棋士。我想，這就是我常常說的，圍棋的勝負世界，對女生的心理來說，是很殘酷的負擔，每次都是在最後的一、兩盤勝負時，太太因為壓力的問題，終究都只能在職業棋士的入口止步。

幾年過去，太太下定決心，跟她父親表明自己不想再走職業棋士這條路了，也因此跟父親發生很多衝突。將近兩年的一段時間，太太靠著自己半工半讀和哥哥們的資助，完成了中華學校的高中學業。直到她二十五歲，才完成專科學校的學業回國。

回國後不久，進入應公公主持的應氏基金會工作，擔任圍棋雜誌的主編並兼任圍棋老師。其實，她和應公公的淵源很早也很深，在她小時候剛剛開始學棋的時候，應公公就已經對台灣學棋的小朋友很照顧，所以她在很小的時候就跟著應公公到過世界各地，參與圍棋的交流活動，這些活動往往都是應公公自己私人出錢，也許組團、也許帶著台灣的明日之星們，走訪世界各地下棋。

在太太正式進入應昌期基金會工作之前，大家就已經傳聞，有一個非常漂亮的女棋士要來了。那個年代，女棋士本來就少之又少，更何況是漂亮的女棋士，那時候我十一歲，對於男女之事還一知半解，但據我所知比我大一輩的棋士們個個都對她很有好感，只是因為她已經名花有主了，很多的追求都無疾而終。

對我而言，她是比我大十四歲的大姊姊，是我口中的「鄭老師」，我從小就在基金會裡學棋、下棋，十四歲成為職業棋士之後，很快就開始代表臺灣出國比賽。一九九五年到二〇〇〇年初，有將近十年的時間，日本制霸圍棋世界，所以，我有很多飛往日本比賽的機會，因為太太的日文很好，很自然的，應公公都會派她當團長或者翻譯，我們的接觸機會變得愈來愈多，變成非常好的朋友。

# 追求愛情如下棋，每一步都需要思考通透

## 世界上唯一，給我安全感的知己

到我十六、七歲時，情竇初開，開始有想要追女生的念頭，很多異性方面的問題我都會問鄭老師，那個時代不像現在資訊隨處可得，加上圍棋界的女生又少，我對感情的事情真的是保守又很懵懂，她會告訴我女孩子心裡是怎麼想的，甚至會教我怎麼去追女生。從最早叫她鄭老師開始，到了這個時候，我們的關係變得亦師亦友，我們也愈來愈無話不談。

這段時間，在太太的眼裡，我從一個什麼都不懂的小屁孩，慢慢長大，逐

漸建構起我的世界，在圍棋上不斷精進、向上衝刺，也開始懂得一些男女之間的感情，我什麼事情都喜歡跟她講，甚至是連媽媽都不知道的事情，我也會告訴她。

說真的，我不是那麼有自覺，也沒有多想過我和她之間的關係。因為是從小就認識的老師，她就像是一個最自然的存在，是媽媽之外，這個世界上我最依賴的另外一個女人，她非常了解我，同時，她又讓我非常非常的安心。應該說，世界上了解我的人很多，媽媽、姊姊、很多異性的棋士好友，她們都很了解我，但是，會讓我覺得有安全感的，只有「鄭老師」。

從九歲開始，自己一個人外宿在老師家裡學棋的我，可以說是非常獨立，什麼事情我都可以自己處理好，但是，只要有「鄭老師」在，我就可以把心完全專注在圍棋上，我只要知道幾號出門、什麼時候比賽，其他一切大小事情，「鄭老師」都可以幫我處理好，讓我真真正正只需要比賽就好。仔細想想，我十一歲第一次遇見她的時候，就覺得她給我很親切的安全感，我也說不出來是為什麼。這就是緣分吧！

二〇〇六年LG杯世界棋王比賽開打，棋王之戰的每一場比賽，都是她陪我四處征戰，不同國家、不同階段，都是她帶著我去的。比賽最後四場關鍵戰役，因為有她在我的身邊，對於穩定我的心緒有很大的幫助。我的壓力非常大，我想贏、非常想贏，我自己知道那是我離棋王最近的距離，臺灣從一九八八年應公公成立職業制度以來，將近二十年的時間，從來沒有突破、沒有人這麼接近世界冠軍過，每一場比賽，我都不由自主地想很多，給自己造成很多問題和壓力。因為「鄭老師」在身邊，陪著我，給我一些安定的力量，任何狀況，不管是我自己心裡的問題或是外在的干擾，她都能很快地發現，並且幫我處理掉。也許可以這麼說，如果不是「鄭老師」

在我身邊，我不一定能夠拿下冠軍。

嚴格說起來，倒是沒有一個很浪漫的告白，或者很明顯的轉折點，讓我們從朋友變成情人。「鄭老師」一直都非常了解我的人生歷程，從小到大，我想我在她的面前，是沒有秘密的。從一開始對「鄭老師」的照顧開始產生依賴，到後來變成朋友，再成為知己，從知己慢慢開始有些曖昧，是一段長時間醞釀的結果。在我們相識這麼長的一段時光裡，不斷有一些小事情的發生，讓我們彼此更靠近，像是在出國期間，她生病了、我生病了，我們的相互照應、唯有彼此的依靠。我們的感情不是一見鍾情式的火熱，但是卻在細水長流中，累積出無人能取代的情感。

某一次到日本比賽的時候，賽後我們一起去居酒屋慶功，酒精的催化，也許時候就是到了，總之，我感覺到微妙的氣氛變化，忽然就大起膽子向她表明自己的心意，我想她當下是有些錯愕，在那之前，她其實沒有想過「我們兩個」的事情吧。

那個時候，我們已經非常談得來，有些曖昧的氣氛開始發生在我們之間。確認我們彼此的心意之後，我明確地表達希望她必須面對現實的問題，畢竟，在這樣的關係之下，對我們兩個未來的發展不好，對她的前一段關係也是一種傷害，總之，這樣三個人的牽扯是百害無一利的。

## 面對混沌不清的局面，「暫停」是解決良方

### 短暫「打掛」後，重新啟動的人生

到了二〇〇六年LG盃比賽的時候，我決定要讓我和她之間有個清楚的結果。

以圍棋的術語來說，稱為「打掛」，這是個源自日本的用語，日本的三大頭銜挑戰賽一下就是兩天，到了第一天將近晚上六點時，無論黑白哪方想要暫停比賽，就稱為「打掛」，這時候，裁判長會拿出棋譜紙，將今天的棋局畫上，而要求打掛的那一方，要在對手不知情的前提下，先將要走的

下一步先畫上棋紙，裁判長接著將棋譜和棋局密封起來帶走。隔天早上裁判長再把棋譜拿出來給對方看，再次啟動棋局。這麼做的用意，是要確保雙方競爭的公平性，如果沒有要求先把下一步畫下，那麼，要求打掛的那方可以回家思考一夜，同樣的，如果先讓對方看到了這下一步，對方也可以回家思索對策一夜，任何一個做法，都可能會徹底改變棋局的發展。

總之，那個時候，我對太太說，如果因為現實的問題無法獲得解決，那我想我們兩個應該要「打掛」了，等她想清楚下一步該怎麼做之後，我們再看接下來怎麼繼續走，才是對彼此都好的做法。我記得那天，太太聽完我說的話就哭了，我知道她非常難過，但在那個時候，我覺得只能下此決定，讓事情清楚明白。

連續幾天，我們都沒有聯絡。但是，我想，這個衝擊讓她重新思考自己往後的生活，她果決地面對問題，雖然她變得一無所有，但她終於結束了那段不快樂的關係。於是，我們繼續開始，她帶著我繼續征戰LG盃，繼續往冠軍之路挺進。

媽媽知道我們的事情時，已經是我們決定要結婚的時候了。其實，媽媽一直都跟她非常熟悉，在媽媽心裡，她是「非常好的鄭老師」，因為，我很小就去日本比賽，媽媽想要買些當地的藥或者東西，都不會拜託不可靠的我，都是直接找「鄭老師」幫忙，所以她們早已經非常熟悉彼此，也都很喜歡對方。問題就是出在年齡。我們都覺得，媽媽很喜歡「鄭老師」，媽媽也不會在乎一個女生是不是已經結過婚、生過孩子，但是，十四歲的年齡差，我們擔心媽媽心裡過不去。

光是為了要怎麼向媽媽表白這件事情，我和太太就煎熬好久，兩個人討論沙盤推演半天，想過無數種可能，其中不乏一些荒謬的情節，比方說，在世界冠軍的慶功宴上，當著一大堆老闆、貴客的面前，告訴媽媽這些事。總之，東想西想，最後我們覺得還是拜託大姊去跟媽媽講這件事情比較好，大姊是最能跟媽媽講事情的人。於是，我和太太先坐車南下找大姊，大姊一聽，先是一陣晴天霹靂的樣子，但是很快就鎮定下來，開始幫我們想辦法。大姊又去找二姊，聯合起來，約了一個家庭聚會、全家都在的場合。

那天，大姊對媽媽說：「大俠想要結婚了！」媽媽說：「對象是誰啊？」姊姊說：「是鄭老師。」很直接的訊息，啪啪啪地丟在媽媽面前，媽媽很厲害，震驚不到一分鐘，馬上就開始問我細節。

跟媽媽表明之後，我們很快就開始著手辦婚禮的事情。我們選了一個媽媽也認可的日期，考慮到交往時的那些事情都沒有讓媽媽知道，在籌辦婚禮時，我們幾乎事事都會詢問媽媽的意見，也都盡量以讓媽媽開心為選擇的方向，舉凡場地、流程等大小細節，事後我們回想起來，媽媽講過的事情都有她的道理，所以，婚禮可以說是很圓滿。

# 愈純淨的心靈，愈能靠近事情的本質

## 曾經迷失，孩子拉了我一把

我心裡的那些轉折、痛苦，基本上是沒有向媽媽說過的，因為，媽媽很辛苦，從我有印象以來，一直在為了錢的事情操勞，所以，一直以來，我都儘可能不想再給媽媽添任何麻煩。雖然我在圍棋上的表現很好，但是我過得一點都不快樂，這樣的心事，大概只有幾個圍棋界的好朋友略微知道。不快樂的原點是胎記，延伸到很多事情，一直積壓在我的心裡，常常有個聲音在我心裡說著：「活得好累喔！活得好痛苦喔！」甚至，有時候出國比賽，坐在飛機上我都會有很可怕的念頭：「要是這架飛機掉下去那該有多好。」但是，這些心情，我幾乎很少對人講。

在結婚之前，有過一段時間，我時常覺得自己是孤獨一人的。我已經是一個成績很好的職業棋士了，每天面對的不是贏就是輸，壓力很大，整個人很緊繃。我不喜歡菸酒，更排斥嫖賭，面對巨大的壓力，我找不到合適的管道去宣洩。所以，那時候，除了比賽，我就是把自己完全關在網路的電玩世界裡。包括到要拿世界冠軍的前一年，我玩電玩玩得很瘋，白天練棋，晚上就瘋電玩搞到很晚睡。這是為了逃避自己，在另一個世界裡找到成就感，找到一些跟在現實生活裡很不一樣的人生。

結婚之後，我不能再像以前那樣玩線上遊戲了，不過，也接連著發生了許多事件，轉移了注意力。更重要的是，有了孩子之後，我對生命的看法改變了，有新的希望、新的使命，我希望自己能為他做一個好的表率，尤其當我們周圍的環境愈來愈不理想，想要好好教育孩子，最好的方法，就是用自己去做示範，言教不如身教，把一個大人該做的事情做好，才能對下一代產生好的影響。為了做到這樣，就必須要把負面的事情給摒棄。

知道有了孩子以後，我有過很多不同的擔心。我知道像我臉上的胎記不見得會遺傳，或者說，其實人人身上或多或少都有胎記，只是我運氣不好，長在臉上，總之，我並沒有很擔心孩子會不會跟我一樣。反而，一開始，我擔心的是孩子看到自己的爸爸長這樣，會不會被嚇到呢？太太安慰我，孩子對父母的愛，是從小就培養、累積的，我們討論之後，都覺得，我應該多看孩子、多讓孩子看到我，這樣他就會很自然適應眼前看到的，很自然就接納爸爸的臉就是這個樣子。

我曾經聽過孩子的同學因為看到我，而把爸媽拉到一邊，小聲地說：「媽媽，為什麼那個人的臉是那樣子？」孩子聽到了，他也不解釋什麼，還是一貫笑嘻嘻的表情。事後，我有問過孩子，遇到這樣的情況，他怎麼跟人家說，孩子說：「我就說我爸爸生下來就是這樣子的啊，有什麼關係，而且他臉上的只是顏色，不會變也不會動，不會咬人也不會傳染給你，也沒什麼啊！」

孩子的這些話，讓我心裡很感動，他是一個懂事的孩子。我很慶幸，孩子的心靈很健康、很善良。我知道有些孩子因為自己父母的疾病而被嘲笑時，會以攻擊別人作為反應，其實我也暗自擔心過我的孩子會不會這樣，但是，我沒有預先要求他不要這麼做，我想先看看他是如何反應，再來跟他好好溝通，因為孩子往往是你愈去制止，他就愈想要那樣做。實際上，孩子和同學的互動，給了我很大的安慰。

# 價值判斷使人迷失，孩子需要的是快樂成長

## 讓孩子在真實中長大

在知道自己要當爸爸之後，我的心情很複雜，很多事情忽然間就改變了。本來沒有打算那麼早結婚，只是和太太穩定交往著，知道她懷孕之後，我們卻也沒有想過生下來以外的做法，於是就順理成章的結婚了。而自己在圍棋界的路子，好像也是從那個時候開始，慢慢有了轉變。

從知道有孩子開始，直到現在，我最希望的就是孩子能夠每天快樂地成長。因為我真的覺得，現在的小朋友都不快樂，而這個不快樂，來自於大家都太重視「比較」，無所不比，但是撇開了比較，就會發現這些孩子都不知

道自己要什麼，他們可能很優秀，可是那樣的生活並不是他們真心想要的。

說起來，我自己的童年過得並不快樂。很大的原因，就是來自於比較。我的爸爸很看重輸贏，為了獲取好的成績，採取了高壓的教育手段。雖然回頭來看，我能有今天的成績必須歸功於爸爸的做法，但是我沒有童年，也沒有圍棋以外的朋友。所以我希望孩子快樂，但是在快樂之外，我也希望他能成為一個有能力幫助其他人的人，而不要因為爸爸是棋王而覺得自己可以擁有特權。

我並非不在意孩子的學習環境，所以我反而刻意不做選擇，讓他隨著學區分配到公立的小學。我不想讓他被保護在某一種過於單一的環境裡，也不想要他有什麼特別的對待，私立學校的確是管理嚴謹，可是，不可諱言，私立學校從踏進校門的第一步就開始比較，你爸爸是做什麼的？媽媽開什麼車？家住在哪裡？家裡有多大？有沒有菲傭？真的好累！對於孩子的身心發展也是一個負擔。

甚至在孩子還沒上學之前，從圍棋班的學生身上，我就已經看過太多比較的例子。小朋友會跟我說：「老師我跟你講噢！某某跟另外那個老師學棋，那個老師比較便宜噢！媽媽說我比較棒，因為我跟你學，你比較貴，所以比較厲害。」這真是個很大的問號，家長也許是想要鼓勵小孩，「利誘」他更努力學棋，卻沒有想過小朋友心裡長出了怎樣扭曲的價值觀，而且無意中就開始了某種輕視。

這是我一直努力避免的事情，我希望孩子不需要經歷比較的價值判斷，只要能每天過得快樂踏實，才是我心中最深的盼望。

# 多想想別人的感受，同理心就已經養成

## 犯錯才會成長

以人一生的發展來看，年輕的時候，都是在闖在衝，做的大部分事情，我覺得都是錯的。等到我們活到六、七十歲回過頭來看，年輕時候做的很多事情往往都很不妥，經過了時間的學習，如果我們用六十歲的想法重新走一遍，我們往往都不會用年輕時候那樣的做法。但是每個人都是這樣，要犯錯，才能吸取經驗。我覺得，犯錯並不可怕，但是，我們無論如何都應該更注意周遭人的感受。

現代人多數時候只會想到自己，就像我的孩子，雖然他才六歲，生活上有很多小細節他不懂得要考慮別人的感受，但我現在就會試著開始教他不能只想自己的方便。比方帶他到麵包店，夾麵包，他有時候竟然就直接伸手去拿，甚至會想要對著麵包講話講不停，我會告訴他，如果你是下一個客人，你會想要拿被口水噴到的麵包嗎？他總是搖搖頭。我會用很多小事情去告訴他，不要成為製造別人不舒服的那個人，多想想別人的感覺是重要的生活經驗。

想要注意到別人的需求，觀察能力是一回事，但我覺得家庭教育和性格的養成更重要。現在很多時候，父母都傾向把小朋友照顧得太多、太好了，小朋友能夠自己去接觸世界、去犯錯的機會反而太少，少犯錯就難以成長，而更糟的是當小朋友犯錯時，家長可能還會因為忽視而不管他們、告訴他們沒關係這是對的，漸漸的，小朋友就只會以自我為中心，想做什麼就做什麼。這其中相互影響所將帶來的後果，是很可怕的。

# 禮貌、善良、正確的態度，人生必修三學分

## 我就是要這樣教小孩

我常常被認為是個「怪咖父母」，因為我一點也不要求孩子的課業表現，但是我對他的要求還是有，我總是笑著跟孩子說：「爸爸不會要求你要考一百分，但是我有幾個原則你一定要知道，這些原則比什麼都重要！如果你沒有做到爸爸要求的這些，你就算每天都考一百分，爸爸也還是會修理你！」

第一個我覺得非常重要的，就是禮貌。很可怕的是，現在全世界家境好的

小朋友都普遍沒有禮貌，因為父母太過於寵溺。和長輩、朋友打招呼、在公共場合不大聲喧嘩，這些講起來很基本的事情，現在都被忘記了，所以，在臺灣我們時常都會覺得很亂很吵，就是一種忘記人與人之間禮貌最好的證明。

第二件我總是告誡孩子的事情，是讓他要做一個好人，不要因為自己的好惡去傷害別人。這樣的道理，現在才六歲的他可能難以明白，我就會用生活裡實際發生的事情去解釋。怎麼解釋什麼是自私？為什麼自己喜歡的事情會傷害到別人？

孩子很喜歡帶自己的玩具去學校，每個星期都帶不一樣的，有一次他帶了自己很喜歡的玩具去上學，中午吃飯的時候沒有特別把玩具收好，只是隨便丟在書包上就跑了，吃完飯後他就發現玩具不見了。老師找遍學校也找不到，這下孩子就著急了，不只是哭了，還大哭大鬧起來，搞得整個學校都知道這件事情。老師本來有想過要搜大家的書包，但這其實是個很不好的解決方式而作罷。顧及小朋友的感受，於是打了電話給我太太，告訴她玩具不見了，但是請我們給她一些時間，她想要給拿了玩具的小朋友一次機會。

我和太太都覺得這實在是件無所謂的小事，真的不用因此傷害到拿的小朋友。那天孩子一回家，我就跟他說：「無論最後有沒有找回來玩具，你都不應該怪別人。第一，你自己沒有把玩具收好，放在外面，就是引誘犯罪（為了這四個字我又額外解釋了一大堆），這就是你錯在先了。第二，雖然拿人東西不對，但是如果明天去了學校，玩具找到了，你一定不可以罵那個同學，也不可以因為他做過這件事情而瞧不起他，因為，人都會犯錯。爸爸也會犯錯，爸爸從小到大做錯過很多事情，但是事後知道了就改過、修補，每個人都是這樣子。」我會特別強調後面這一點，是因為我發現很多小朋友從小就不能夠寬恕，知道別人錯的一點事情，就會一直指著對方講好久好久，好會記仇，這實在是一個可怕的種子，不能輕易種下。

事實上，孩子的老師有猜到是哪個小朋友可能做了這件事情。孩子每個星期都帶不一樣的玩具去學校「招搖」，小朋友會羨慕、想占為己有是很自然的心情。事情發生的那天，老師偷偷打開過那位小朋友的書包，就確認了事件的始末，但是她選擇不在當下讓那個孩子難堪。對我們來說，四、五歲的孩子做什麼事情，都不會是刻意的，我們覺得這件事情最重要的反而是不要給那個孩子造成陰影。所以我們都覺得老師的處理方法很好。

後來孩子也知道是誰拿走玩具，但是他表現得很好，一點也沒有對那個同學流露出異樣的態度，他不但原諒了他，還繼續和人家做好朋友、有說有笑的，我很以他為榮。我們甚至曾經因為想到這個小朋友的家境，還想要在他生日的時候，把玩具送去給他當生日禮物，他的媽媽婉拒了我們，她很感謝我們的不計較，也知道小孩收到禮物會很開心，但是她覺得這樣反而會讓小朋友價值觀混淆，好像拿人家東西不但沒有錯，最終還會得到這個東西。

孩子也曾經有想要拿別人東西的時候，我就會拿這件事情來提醒他，讓他想想當玩具不見時，心裡有多難受、自己哭得有多離譜。每個人都會犯錯，不要過於苛求，也不要因為自己的名利、好惡去傷害人家，哪天換成自己犯錯的時候又會是怎麼樣呢？無論如何，我們都要做一個善良的人。

第三件我會非常要求孩子的，就是態度。孩子時常跟我說：「爸爸，怎麼辦，你是棋王，可是我圍棋下得好爛喔！同學都笑我。」我總是說下得好壞都沒有關係，重要的是上課的時候有專心就夠了。好多小朋友也許在某個領域表現得很好，可是，站遠一點點看，就會發現他們並不是真的投入在這件事情上。運用技巧去獲得高分，以結果來看好像很厲害，可是，小朋友在過程中並不會盡心，也就不會多做思考。學習課業，或者學習才藝，最後都應該是要引導小朋友做更深入的思考，但是，熱愛比較「結果」的導向，讓學生都變得只是去背、去記憶、重複做一樣的事情，對還在成長、還有更多可能的孩子來說，這實在不是最重要的。而且，只有當你能夠投入某件事情，你才會真正了解、喜愛這件事情。

先前和學生們閒聊時，發現他們很羨慕我拿過世界冠軍，我總是跟他們說，不用羨慕我，我是屬於那種很笨的人，就好像《射雕英雄傳》裡的男主角郭靖，小朋友覺得他成功的原因，是因為他遇到了洪七公、遇到了黃蓉，我說，洪七公是郭靖的貴人、黃蓉是幫他很多的賢內助，但是他成功的原因是因為他很努力。我問他們知不知道郭靖練「亢龍有悔」那一式練了多久，小朋友說：「不知道啊！很重要嗎？不重要吧？」我說，以過程來看，練幾次不重要，但是以結果來看就很重要了。郭靖因為笨，所以每一式都要練很久很久，他之所以可以成為令人景仰的俠士，是因為苦練。同樣的，如果是郭靖的好朋友楊康，可能一天就能學會一式，但是，楊康的聰明導致了他不會想要專注在同一件事情上，所以，最終他學什麼都學得不夠好。

郭靖的笨，讓他必須把一件事情做一萬次、十萬次，而我就像他一樣，在臺灣圍棋界，優秀的人很多，而我絕對稱不上聰明的那一個，但是他們付出的時間遠不及我多，倒不是因為他們不願意付出時間，而是因為他們的聰明讓他們快速領悟、理解了老師教的東西，於是就可以把時間拿去學別的東西，但是，同時間，我因為笨，所以慢，所以下了課可能還要花很多很多時間去思考內容、想想可以怎麼應用在實戰上，於是，我的基本功就變得比任何人更紮實。

我因此告訴學生，聰明、天份不是絕對必要，努力和持續才是成功的要訣。寧可像郭靖一樣，把一個招式練到滾瓜爛熟、非常厲害，而不要只是用十分鐘把事情學會了，就覺得自己是天才，然後就開始招搖撞騙。不紮實的東西，往後都會崩壞，唯有持續、堅持下來的東西，才是最重要的。

全力以赴，是我一直以來很喜歡的座右銘，是我最大的優點，也是我之所以有可能成功的原因。所以，我非常希望能將這樣的態度教給孩子和我的學生。

我想，如果能夠真正做到這三件事，人生其實就不容易遭受什麼挫折。有禮貌，自然會引來貴人相助；不去傷害別人，自然也就減少了別人傷害你的機會，尤其還要教導孩子的是不貪心，不要什麼都想要得到，也不是什麼都需要占為己有；有好的學習態度，就會找到自己想要、也適合自己的路。

從小開始，從跟我同輩的小朋友、比我晚一輩的小朋友，到現在我的學生輩的小朋友，我在圍棋的世界裡其實看了很多很不好的小朋友的表現。他們的棋都很好，就算不下棋了，他們也都會有很好的學歷和事業成就，但是他們都欠缺很多做人處事的態度，我覺得那是家長沒有把這些態度讓孩子知道，真的很可惜。聰明的孩子如果能夠暫時不要執著成績，把禮貌、態度和為他人著想的心帶回生活中，他們將來一定可以走向更高的成就、更高的境界，為社會帶來更好的影響。但是，很難過的事實就是在那些看似優秀的小朋友身上，幾乎找不到這些特質。

我覺得這是因為他們的成長過程是速成的，一切都被壓縮在一次最短淺的成績上。課業、才藝都要看表現，然後拿這個去跟同學、跟鄰居、跟家人朋友做比較。當生活的一切只為了比較，想想不是很可悲嗎？我想要改變這樣的狀況，當然只靠我一個人的能力有限，但是我至少可以試著改變孩子和學生的想法。

當孩子考一百分的時候我們沒什麼特別的反應，可是如果他在外面看見長輩卻沒打招呼就會被罵，別的家長看到我們這種「另類」的教養，這種莫名的反差，也許能夠激起他們多去想一想教育的另一種可能性。

# 看得到的目標，是加速進步的動力

## 地球上最好的朋友

從小因為胎記的關係，畏懼其他小朋友異樣的眼光，讓我常常想要躲在自己的小世界，一個人專心擺棋下棋，從中找到生活的安全感。這樣的日子其實非常孤獨，內心也渴望能有同伴一起玩、一起學習。

直到十一歲，我孤獨的小世界總算開啟了一扇小窗，替我開啟這扇窗的是我的摯友-丁偉。那一年，我代表臺灣到中國寧波參加世界青少年賽，丁偉是中國代表，我們一見如故，來自不同國家的兩個人，卻有聊不完的話題，比賽結束，我們互相留下聯絡方式。從此，丁偉走進我的小世界，這份兄弟情誼，讓我不再感覺孤獨。

十四歲的時候，我第一次到北京受訓，丁偉當時已經在中國棋隊接受訓練，我隻身一人，人生地不熟，都是靠著丁偉替我打點大大小小的起居問題，讓我在中國棋隊的培訓過程，少了很多後顧之憂。他非常貼心，時常提點我該怎麼跟當地人相處，怎麼和當地的棋手應對進退，替我省去很多人際上的困難。我們擁有共同的目標，一起練棋，革命情感也就漸漸培養起來。

在中國棋院受訓的過程中有個小插曲，某一天，棋院新進一位長相出眾漂亮的女生，棋院裡的男生統統都被她的風采懾服，丁偉和我也不例外，大家整日繞著這個女生打轉，一起擺棋、打電動、看電影，滿腦子想著能夠一親芳澤，後來，這個女生選擇了丁偉，成為他的女朋友。

自此，我的小世界再度起了一些變化，我們三個人成為莫逆之交。雖然我也很喜歡這個女生，但是看到自己的好朋友找到幸福，我的失望也被療癒了。後來因為一些現實因素，他們兩個無法繼續走在一起，但現在，他們也都各自找到幸福的歸宿，而我們三個人的情誼至今仍舊不變。

回頭再談丁偉，他對我的好，真的可以說是無私，他幫我解決所以在異地生活的困難，陪我租房子、打理生活大小事，靠著他的人脈，疏通我的特殊身份常常遇到的問題。我們相識超過二十年，這種義不容辭互挺的情感沒有變過，我常笑說，丁偉絕對是我在地球上最重要的朋友，即使我們相隔兩地，對於彼此的祝福始終如一。

從小學棋，始終是一個人，沒有年齡相仿的同伴一起學習，直到丁偉的出現，我才體會到朋友之間「共患難，共享樂」的美好。丁偉大我一歲，一直以來棋力都比我好，因此，他也是我潛意識裡的一個假想敵，成為我努力向前的目標。他不斷變強，我就愈積極追上他的腳步，無形之中，我們的棋力都有了長足的進步。

就像跑馬拉松一樣，找一個比自己速度稍微快一些的跑者，以他為目標，和他保持一定的距離，維持自己往前跑的動力，快到終點的時候，往往只要全力衝刺，衝刺的爆發力就能瞬間飆升。我認為每個人都可以從生活中，找出一個跑在自己的前面並且保持看得到距離的強者，當成努力的目標，漸漸地，因為有了往前超越的動力，能力就會愈來愈強大，進步幅度也會加速度成長。

# 找一個新的目標努力，有助於重拾熱情

## 跑步讓我重新學會堅持

人生中和跑步最早的開始，也是和圍棋有關。從成都拜師學藝回臺灣之後，我愈來愈常輸棋，往往都是因為比賽時間拖得太晚，那時候，業餘比賽的獎金已經逐漸在提高，吸引愈來愈多人參賽，所以時間自然就會愈拖愈晚，加上每場比賽中間林林種種的突發狀況，印象中最誇張的一次冠亞軍比賽到晚上十一點才開始比，不要說我，對方也都已經昏昏欲睡了，主辦單位還買一堆咖啡來給我們喝，我們硬著頭皮下到一點多，才把冠亞軍下出來。這樣的狀況愈來愈多，當時還是小孩子的我，常常因為體力不支想睡覺而輸棋。

爸爸覺得因為體力而不是因為棋力輸，實在很吃虧，所以開始要求我練跑步。最初只是一百公尺的操場跑個十圈，爸爸發現我很能跑，所以不但是日常訓練的里程慢慢往上調，遇上比賽輸棋，想不到什麼其他處罰方式的他也叫我跑步，只是，從一百公尺的操場，後來變成四百公尺，處罰起來，最嚴重的一次，爸爸叫我跑了七十圈，我足足跑了三個半小時。

其實我一開始很喜歡跑步，只是，當爸爸把它變成處罰以後，我就開始心生排斥。於是，在爸爸身體出狀況以後，無法再管裡我的生活，漸漸的，我就不再跑了。

二〇一二年我開始發現自己的身體有些狀況。因為愈來愈胖，到處都有小毛病，我的飲食習慣偏油，加上職業狀態是久坐居多、太少動，最後弄出了膽結石。有次膽結石痛得太嚴重，我去醫院掛急診，吃了止痛藥我還是痛得在地上打滾，醫生只好給我打嗎啡！十一點多嗎啡打下去，我馬上就昏過去，再醒來已經是五、六點的事了。那是我第一次病到自己都覺得很嚴重。

那一次之後，我做了健康檢查，醫生建議我把膽拿掉，一勞永逸，尤其我時常要出國比賽，萬一在國外發作起來，很麻煩也很傷荷包。我自己本來也是打算做個「無膽之人」，但是媽媽和太太都反對，所以我就轉去看中醫。中醫認為，單單只靠飲食的調整，不能完全解決問題，我還是必須要運動。

所以我就開始找朋友一起運動。我們有一群很要好的職業棋士，經常聚在一起做運動。我們最初選擇的運動是爬山，每週都會找一天不比賽的時間去爬山。最初只是輕鬆的「走山」，但是，因為我們這一群都是男生，男生聚在一起就是喜歡拼面子，所以，儘管程度比不上專業的登山隊，但是我們自己把難度愈拉愈高，沒辦法，男生就是死要面子，當一個人衝到前面，後面的人說什麼都會想要跟上，於是，上山下山的速度愈來愈快，體力消耗其實蠻大的，也達到了健康的目的。

有一次，我們在擎天崗上計畫起下個禮拜要爬什麼山的時候，赫然發現，糟糕！大台北地區周圍的山都被我們爬完了，再來就是那些比較遠、需要耗時超過一天的大山，這樣大家就比較難約齊了，但是，另一方面，大家也不想要爬已經爬過的山，缺乏新鮮感就不好玩了。突然之間，有人提議：「不然我們來跑步好了！既然不知道要爬什麼山，那我們就來練馬拉松吧！」就因為某一個人一時的提議，我們一群人就開始轉向跑步人生。

二〇一三年一月，報名馬拉松的我們開始練跑，我們約在大安森林公園或是大湖公園，一起跑個五、六公里。一個人跑步很枯燥無聊，可是，一群人一起跑步，就可以聊天解悶。當然，一開始跑的時候，個個都是氣喘吁吁、上氣不接下氣，但是，男人無聊的自尊心又跑出來了，一旦有一兩個運動神經比較好的人率先開始能夠在練跑中聊天講話，其他人也就會開始拚了命想要跟進。為了跟上大家，你就必須自己回家偷偷練，大家一起練習時，才能跟上「進度」。那一年，我們跑了四場的半馬賽，二〇一四年我們更是第一次挑戰全馬。

二〇一二年重新開始練跑之後，我自己一個人的時候，心裡其實還是很排斥，原因還是爸爸給我的陰影。當我自己一個人開始跑起來的時候，小時候爸爸如何逼迫我的種種情景，就會又浮上心頭，逼得我想要放棄。所以，再度開始跑步的時候，一直在和自己的心魔抗衡，「好累喔！我為什麼要這樣虐待自己？」諸如此類的自我抗辯，一直一直反覆上演。

後來之所以堅持下來，除了出於男人的尊嚴問題，好幾個人一起比，說什麼也不想要輸給人家，但是更重要的是，我想要找回自己的目標，好好找一件事情，專注投入，把它做到很好。我是一個喜歡設定目標，然後按部就班去完成、一直一直往前走的人，我的腳步也許從來不快，但是一旦有了目標，我就會踏實的去完成。從小我的目標很明確，就是學圍棋，成為職業棋士，成為職業棋士之後，就是拿世界冠軍。這就是我之前很簡單的人生目標，我很努力地完成了，緊接著，結婚生子，每天面對很多很多事情，但是，我心裡一直覺得，好像不應該只是這樣過活！我想要再找一個自己可以持續進行、持續進步突破的事情，遠大一點的目標。

在我一邊跑步一邊跟自己掙扎的時候，我明白了，馬拉松就是我現在正需要的目標！

馬拉松雖然每個人都能跑，也都能跑完，但是速度的快慢就是很大的差異。我是一個很喜歡旅行的人，我很想到世界各地跑馬拉松，尤其是波士頓馬拉松。這場比賽很酷，報名採取抽籤制，不只是因為想要參加的人多，而且還有時間限制，此外，能夠擁有報名資格的人，還必須跑過主辦單位認可的其他金、銀、銅級比賽。四十二公里賽程必須在三個半小時內跑完，才有資格參加波士頓馬拉松，這是一個普通人根本到不了的標準，也就是說，能夠符合報名抽籤的資格，就已經是榮耀了。這對現在的我來說，是一個幾乎不可能達成的數字，但是，我就決心以此為終極目標努力。

我喜歡一直看到自己的進步，所以，在遠大的目標之前，我會設立一個可達成的階段性小目標，我不會讓自己停留在空想的狀態，也不會讓自己因為太難以企及而想要放棄。馬拉松好就好在這裡，不但能夠一直持續地做，進步也很明顯可以看見，還對身體有益。

二〇一三年十二月二十九號，我在第三屆十段賽輸了棋，沒拿到冠軍，那本來是場很有機會贏的比賽，但是，因為種種原因，我輸了。我覺得這樣下去不行，要給自己找些目標、重燃鬥志才是，所以，我決定二〇一四年給自己的功課，就是要自己練跑跑完一千公里。本來，接了總教練的工作之後，我能練跑的時間不多。不過，孩子上了小學以後，我配合他早起的作息，重新調整跑步和其他行程的作息，變成早上六點起來跑半小時六公里，做為每日的鍛鍊。很多職業棋士看到我這樣練跑，都覺得我是狂熱的神經病了。但是，我樂在其中。生命重新因為一個遠程目標而燃燒，感覺很好。

同時，跑步的時候，身體在動，但是腦子是很靜的，用身體可以負荷的速度穩定跑著的時候，我會去思考，想棋的事情，想未來要做的事情，短程、長程的規劃。一天的生活裡，除了跑步的時間之外，大部分時候大腦都很忙碌，很多事情同時干擾，沒有辦法專心去想什麼，練跑反而成為一天最難得的思考時間。

下棋不可能總是很順，一定會遇到很不利、想要投降的局面，多數人可能會想說，放棄吧！輸一盤棋沒什麼，下一次再贏回來就好了嘛！從我開始練跑以後，這樣的念頭愈來愈少浮現。二〇一四年三月第一次參加全馬的比賽，剛剛開始的時候，我覺得自己跑得很順，跑到第一個折返點二十一公里時都非常輕鬆愉快，可是，再往前八公里多，到三十公里時，我的腳就廢掉了！我非常驚訝，怎麼才八公里，全身上下的肌肉、身體的反應都不對了，「好想要停下來！」這樣的念頭非常強烈地一再衝擊我。

可是，就在我跑得痛苦到不行時，身邊很多阿公阿嬤就這麼超越了我，「這是我的第一次馬拉松，無論如何都不可以放棄！」這樣的念頭，讓我咬緊牙關想要撐過去，最後的十二公里，腳根本不是我的，咬著牙終於跑完了！經過了那個很痛苦、很折磨的過程，卻沒有放棄，這樣的成就感是很強的！

在那次馬拉松之後，再面對棋盤上面的困境，就變得更容易堅持，不輕言放棄。本來，當了教練的我，對勝負已經看得淡，每當輸棋，也都只是覺得就算了吧！但是那次跑完，雖然並不是重新又變得非常渴望贏，但是，我開始覺得每一盤棋都有它值得堅持的價值，無論如何，都應該要把它完成！曾經一度變得隨便的心，因為跑馬拉松，讓我又把心收回來，再一次找到堅持的力量。

# 小事的價值，常常意外深遠

## **放下一切做公益**

二〇一四年七月三十一日深夜的高雄氣爆意外發生的時候，我正好剛剛才從機場回到家沒多久，隔天一早起床打開電視，看到這慘況，我立刻就在職業棋士的 facebook 社團裡問，「在高雄的棋士們還好嗎？」大家開始陸續回報平安，很多棋士朋友就住在事發地點的附近，萬幸是家裡沒有遭受災害。

當下我就覺得該做些什麼，只是我不確定該做什麼比較好，在社團裡發問也沒有得到什麼迴響，於是我轉而開始聯絡一些圍棋業餘的機構，詢問舉辦募款活動的可能性。募款的收入來源，除了收費指導棋之外，就是「賣東西」，所以，我後來決定讓活動定調為由職業棋士主辦，外加一些物品的募捐與義賣，台北、台中各辦一場，活動圓滿落幕，我們總計募得一百萬，算是很成功的一場活動。而最成功之處其實不是募款金額的高低，而是圍棋界向心力的凝聚。

因為這次的募款活動，職業棋士必須犧牲兩個週末的時間，而通常週末是棋士賺錢的大日子，棋士們不只是犧牲了賺錢的機會，有些棋士甚至還自掏腰包捐錢、捐物資、帶朋友來當義工，犧牲不少，但是，我真的覺得，這種為了公益而犧牲努力的感覺很好。

活動結束之後，facebook 上開始有很多棋友分享很正面的迴響，他們才終於開始瞭解職業棋士除了下棋很厲害之外，也對我們在做的事情、參加的比賽，有了更多的認識。喜歡圍棋的朋友過去可能不太關心職業比賽，總是覺得這些比賽跟自己不相干，但是，這次的活動重新喚起了業餘朋友的關注。對我們這些不同世代的職業棋士而言，這更是我們第一次一起為了一個共同的目標努力的里程碑。

能夠讓圍棋界如此團結在一起，這完全是我在事前沒有想到的，我們最初只是想為高雄的意外做點事情，邀請大家共襄盛舉，或多或少都犧牲了些大大小小的事情，但是，這些最終換來了非常值得的回饋。

一路走來，其實很多事物都是未知的，做很多決定的時候因為前面無例可循，秉持得都是自己的初衷、信念，認為是對的事就賣力去做，即便旁人不看好，甚至覺得是愚蠢的決定，也一樣堅持到底。走到今天，我一直覺得自己勇於去做錯誤的決定，加上命運的眷顧，才成就了現在的我。

玩藝 0009

# 棋手無悔 —犯錯是成功必須的布局


作者 — 周俊勳
文字採訪整理 — 張傳瑄
封面・內頁設計 — Rika Su
責任編輯 — 簡子傑
責任企劃 — 洪詩茵
董事長
總經理 — 趙政岷
總編輯 — 周湘琦
副總編輯 — 陳慶祐
出版者 — 時報文化出版企業股份有限公司
10803 台北市和平西路三段二四〇號七樓
發行專線 — (〇二)二三〇六一六八四二
讀者服務專線 — 〇八〇〇一二三一一七〇五
(〇二)二三〇四一七一〇三
讀者服務傳真 — (〇二)二三〇四一六八五八
郵撥 — 一九三四四七二四時報文化出版公司
信箱 — 台北郵政七九~九九信箱
時報悅讀網 — http://www.readingtimes.com.tw
電子郵件信 — books@readingtimes.com.tw
第三編輯部風格線臉書 — http://www.facebook.com/bookstyle2014
法律顧問 — 理律法律事務所 陳長文律師、李念祖律師
印刷 — 勁達印刷有限公司
初版一刷 — 二〇一四年十二月三十一日
定價 — 新台幣二八〇元

國家圖書館出版品預行編目(CIP)資料

棋手無悔:犯錯是成功必須的布局 / 周俊勳著 . -- 初版 . -- 臺北市 : 時報文化, 2015.01
面; 公分
ISBN 978-957-13-6140-6(平裝)

1. 成功法
177.2　　103023860

⊙行政院新聞局局版北市業字第八〇號





ISBN 978-957-13-6140-6
Printed in Taiwan